阿布辛贝

邂逅古埃及神庙的古老文明

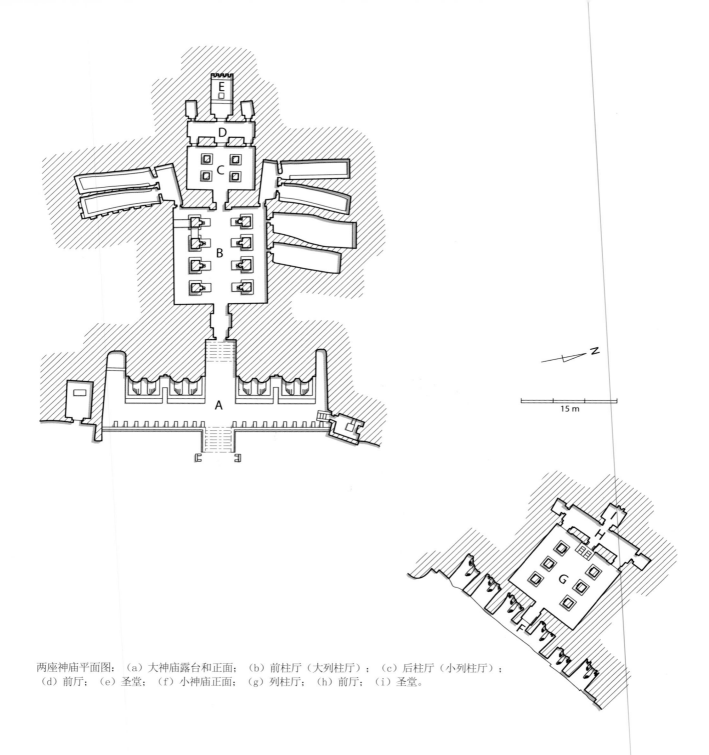

两座神庙平面图：（a）大神庙露台和正面；（b）前柱厅（大列柱厅）；（c）后柱厅（小列柱厅）；
（d）前厅；（e）圣堂；（f）小神庙正面；（g）列柱厅；（h）前厅；（i）圣堂。

阿布辛贝

邂逅古埃及神庙的古老文明

奈杰尔·弗莱彻-琼斯

开罗美国大学出版社

This edition first published in 2021 by
The American University in Cairo Press
113 Sharia Kasr el Aini, Cairo, Egypt
One Rockefeller Plaza, New York, NY 10021
www.aucpress.com

Extracted and condensed from *Abu Simbel and the Nubian Temples*, first published in English in 2019 by
the American University in Cairo Press
Protected under the Berne Convention

Dar el Kutub No 10202/19
ISBN 978 977 416 951 9

Dar el Kutub Cataloging-in-Publication Data

Fletcher-Jones, Nigel
    Abu Simbel: A Short Guide to the Temples: Chinese Edition/Nigel Fletcher-Jones.— Cairo: The
American University in Cairo Press, 2021.
        p.   cm.
        ISBN 978 977 416 951 9
                1.   Egypt_Antiquities
                2.   Abu Simbel (Egypt)_guidebooks
    932

1 2 3 4 5 25 24 23 22 21

Designed by Sally Boylan
Printed in China

内容介绍

阿布辛贝神庙纳赛尔湖景

第一章 关于阿布辛贝神庙

阿布辛贝岩窟神庙（又译阿布辛贝勒）在山崖上雕凿而成，依山面水，宏伟巍峨，别具魅力。对考古学家和热爱旅行的人来说，极具吸引力。

1813年，瑞士探险家约翰·路德维希·伯克哈特 (Johann Ludwig Burckhardt,1784-1817) 向全世界宣布：在阿布辛贝发现了大型神庙。当时神庙只有巨型雕像的顶部裸露在外，人眼可视的部分极少。小神庙届时也已被发现，但几个世纪以来一直作为动物庇护所被附近的村民使用。

之后不久，意大利人乔瓦尼·巴蒂斯塔·贝尔佐尼 (1778-1823) 成功地在沙漠中挖掘出了进入大神庙的道路。贝尔佐尼是业余水利师、曾在马戏团谋生。这个艺人转型的勘探家根据伯克哈特的报告，第一个成功进入到阿布辛贝神庙内，他于1817年8月1日进入大神庙，并从厚重的黄沙中挖掘出神庙的一部分。由此，阿布辛贝的故事开始浮现于世。

当十九世纪稍晚些时候象形文字被破译时，阿布辛贝被证明是受令于法老拉美西斯二世而建。拉美西斯二世是古代世界史上最伟大的埃及法老之一，他的统治时期大约为公元前1265至公元前1200年。

至于神庙为何建在人迹罕至的阿布辛贝，至今我们还没有确切的考证。人们对神庙的选址有诸多不解，例如，神庙附近没有法老的陵墓，比较孤立。对此原因猜测很多，最有说服力的解释是神庙所在的两座沙岩山崖分别与埃及古神荷鲁斯神和哈托尔女神（又译为哈索尔）相关，我们知道大小神庙崇拜的国王和王后分别被神化为荷鲁斯和哈托尔，而且古神所在地的传说应远在寺庙修建之前。另一种说法则是拉美西斯二世和他的高级地方官员只是简单地热衷于在河畔开凿岩窟神庙。还有说法认为神庙在阿布辛贝可能与古埃及的创世神话相关。在古埃及创世神话中，世界开始于原始水域中出现的土丘或小山。

尽管阐释不一，然而毫无疑问，利用对法老的崇拜来威慑附近的居民和路人是公认的建这座大型神庙的目的之一。神庙背山面水，沿尼罗河旅行的路人不可避免地路过神庙，国王的王威和神化因此非常具有震撼力。想象一下，商人在努比亚沿尼罗河顺流而下，突然正前方国王体积巨大的摩崖雕像映入眼帘，雕像在粉红色砂岩悬崖的山体衬托下，巍峨而立，色彩生动，这样强大的视觉冲击对沿河旅行的人来说无疑会留下极为深刻的印象。

"努比亚"一词可能来源于古埃及单词nwb，意为"黄金"。阿布辛贝位于珍贵的非洲贸易货物通往埃及古陆的交通要道上，古埃及的传统边界位于阿斯旺地区的花岗岩岛（尼罗河'第一瀑布'附近），那里边境贸易发达，货物在象岛进行交易（古老的阿布Abw, 部分象岛在希腊语被称为"锡尼"）。

在这片荒芜的土地上，巨大的拉美西斯二世雕像和神庙，似乎对人们发表了一个非常明确的声明：

"你在埃及，而我是这片土地的国王和神。"

然而阿布辛贝的意义远不止于此。

国王和王后的神庙同建于此，使这两座神庙一起成为古埃及少数几个国王夫妇在同一地点修建神庙的一个代表。拉美西斯二世在他漫长而传奇的一生中有很多位妻子，孩子大概也能有100多个。然而，小神庙是专为他的第一任妻子奈菲尔塔利而建的(Nefertiry 也拼写为"Nefertari")。除了小神庙外，

他还为她在古底比斯（今卢克索）对面的王后谷建造了辉煌的陵墓，由此我们不难推断出，奈菲尔塔利不仅是他的第一任妻子，而且可能还是他众多妻子中的最爱。这种猜测的来源有很多，例如，在奈菲尔塔利小神庙正门有六尊巨大的石像，其中拉美西斯和奈菲尔塔利的石像高度几乎相同。尽管石像四尊属于拉美西斯，两尊属于奈菲尔塔利，但拉美西斯二世在历史上以骄傲的霸主个性著称，社会地位的尊卑在古埃及更是决定了雕像人物比例的大小，所以奈菲尔塔利的尊崇地位显而易见。

其他王后在阿布辛贝也有石像或画像，就像许多王子和公主一样，但小神庙只单独为奈费尔塔利而建。奈菲尔塔利是国王长子阿门希尔文埃姆(Amenhirwenemef) 的母亲，这值得骄傲的成就也很有可能是她拥有小神庙的原因之一。

神庙里古代埃及的国王、神和女神的名字和特征，在1817年神庙被首次发掘时，基本上是未知的。最早的欧洲游客读过古希腊历史学家希罗多德(Herodotus) 对埃及的描述，希罗多德在公元前450年左右可能访问过埃及，同时人们也读过有关地中海地区其他的古典作品，因此对主要的埃及古神的名字，如阿蒙、奥西里斯和荷鲁斯等，至少是熟悉的。人们对女神伊西斯也不陌生，因为对伊西斯的崇拜在希腊和罗马世界曾广泛传播。然而，对其他的许多埃及众神，我们只有猜测。例如女神塞赫迈特有着女人身母狮头，看起来令人畏惧，在古时曾

贝尔佐尼的图片，源自《关于埃及和努比亚地区金字塔、神庙、陵墓和挖掘采取的行动和最近发现》（伦敦：1820年）。

有观点说她是狮子座神和处女座神的结合体，但这种说法只是传说，其准确性有待考证。

虽然我们现在可以准确地识别阿布辛贝的所有神和女神，但是即使有其他神庙发现的铭文、雕刻和装饰的帮助，我们对所有神的崇拜方式也不是很清楚。所以很遗憾古埃及文化并没有清晰的传承下来。

其部分原因可归咎于阿拉伯精英（在公元639-642年到达埃及和努比亚）和奥托曼土耳其人（1517年统治埃及）都没有将古埃及文化接纳为他们文化遗产中的一部分。然而，基督教在埃及的传播和发展却是古埃及法老文化流失的主要原因，其中使徒马可的作用不可忽视，据说马可在大约公元50年登陆了亚历山大。

古埃及旧宗教与新基督教的同化极为有限，所以当基督教根深蒂固后，埃及古老的传统和节日只有少数幸存至今。许多神庙由于基督教的盛行被整体或部分改造成教堂，古代神和女神的形象也被污损或简单地以灰浆涂抹覆盖，然而奇妙的是，神像经常因为得以覆盖的原因而幸运地安然渡过近几代的动荡和浩劫，从而被保存至今。古埃及语言本身在科普特基督教会的礼拜仪式中被保存，但保存的是语言形式改变极大的一种语言变体，象形文字铭文的含义已不复存在。

古努比亚地区包括从阿斯旺南的第一个大瀑布到尼罗河，大约有970公里的广阔土地，古老的宗教在这片土地上比在埃及保存得更久一些。埃及在公元394年狄奥多西皇帝的命令下，已经完全成为了基督教国家。而且拜占庭皇帝查士丁尼也在公元535年在阿斯旺南部菲莱中止了古代埃及宗教。最终，这里的古老神庙被改造成教堂，神像被污损，或者直接干脆地被遗弃在沙漠任其湮没在历史的洪流中。

尽管现代与古埃及文化的衔接被割断，但我们能够准确识别与阿布辛贝神庙相关的众多埃及古神。这里有拉-哈拉胡提（正午太阳之神），哈托尔（女性之神，拉之女），以及在有生之年被神化的拉美西斯二世国王本人。

拉美西斯二世在位时也来阿布辛贝神庙拜谒神格化的自己，神庙柱廊大厅里的壁画几次描述到这一场景。事实上，在大型神庙的圣堂里，他与普塔（埃及首都孟菲斯的创造者和守护神）、阿蒙-拉（底比斯崇拜的最高神）和拉-哈拉胡提（'地平线间旅行的拉'）并排而坐，而大神庙当时主要就是为这四个神而建的。

令人惊叹的是，这四个坐像只在每年2月21日/22日和10月21日/22日被日光照耀两次。虽然我们如今对古埃及了解加深了很多，但还难以断言此现象是设计还是巧合。古埃及能工巧匠众多，完全有能力设计特定精确的日光照耀时间，但这些日期的特殊意义却缺乏文字证据。实际上神像光照日的特殊含义只衍生于近期，在二十世纪六十年代寺庙迁移的时侯。

大神庙前柱厅主要部分的壁画铭文和神像都记述着拉美西斯二世在战争中的卓越战功。他以各种姿态击败敌人。在左侧的墙垣上，来自古埃及西北边界的"利比亚人"与叙利亚人和赫梯人（来自埃及东北部安纳托利亚现土耳其中部）一起被打败。

至尊无敌的国王在南部边界还征服了努比亚人。

太阳照亮大神庙的前柱厅

国王作战的纪念场面和铭文在拉美西斯二世和其前辈和后继者建造的神庙中是常见的主题。同样，大殿的前柱厅（第一个柱廊大厅）的整个右侧墙壁都是关于卡叠什战役部分场景的叙述，叙述几乎是以连环画的形式表现出来的。

在拉美西斯二世作为征服者的人生中，卡叠什之战显然是他的巅峰之役。

子继父志，与他父亲塞提一世（约公元前 1276-1265年在位）一样，拉美西斯立志保卫叙利亚的这座战略城市，目的在于抵抗赫梯帝国从他们安纳托利亚本土蔓延开来的势力，赫梯的势力扩张威胁已经威胁到埃及在该地区的利益。壁画从埃及视角详细讲述了法老在埃及各地与赫梯的战斗，战役的刻画引人入胜，法老的卓绝战功得以英勇再现。实际来说在史实上这场战斗充其量只是个平局，战后，卡叠什仍在赫梯人手中，然而壁画中的法老不言而喻自然获得了全胜。壁画对战争的描述始终围绕着国王，完美地突出了他节节击溃敌人的无畏和英雄气概的威慑力，以及他为保护国家所取得的辉煌胜利。

在这两座神庙中，对战争的描述都主要集中在外厅。这样的安排符合古埃及神庙的总体格局，从外部到内部的深入代表着一种转变：从混乱到秩序、从光明到黑暗、从人到神。

大神庙的后柱厅（小列柱厅）到里面圣堂的区域只有职业祭司和他们的侍从可以进入，他们代表国王在神的面前举行仪式。这里壁画的主题是国王与埃及生活中众神的亲近和交流，突出体现的是国王与神沟通的能力。壁画中国王有时与众神看起来平等，有时向神崇拜。

在大小神殿的前厅里早中晚举行三次祭祀，由大祭司、小祭司和侍从把食物和饮料献给殿里的主神。

我们可以任想象回到古代的埃及。此时，大祭司打开通往圣堂门上的门封，独自缓慢地步入，以神圣的仪式去敬奉神，神被认为以某种方式存在，也许神只是在祭祀时，才在岩石雕刻的彩绘雕像中显圣。祈祷和大量燃香是每次敬奉必不可少的仪式。

仪式完成后，所有进入圣堂的痕迹都会被清除，门也会被重新密封。

神庙再一次恢复宁静。

关于本书

本书旨在为游客提供一个实用的导游，所以参观者在游览前，游览中和游览后都可以了解到神庙的主要景点和文化。

在介绍神庙时，我尽量减少使用考古学和埃及学的术语。在术语避不可免时，我尽量地对术语进行了解释。

关于日期的说明

公元前690年之前，古埃及历史对事件发生日期没有确切的记载。

在著作中，古埃及人用帝王统治时期来记量时间，即一任国王在位的年数。因此，在本书中，拉美西斯二世人生中事件的日期表达无法比以"在他统治的XX年"或"在XX年"的表达更为精确。

公元前300年左右的一位埃及神父曼内索，根据法老的家族或政治关系，用希腊语将古埃及历史分为30个朝代，目的在于试图使古埃及漫长的皇家历史变得更有序可循。众所周知，名单自诞生日就有争论：王朝名单并不完整；而且我们相信一些在名单上的国王可能并不存在，而另一些从考古记录中证明确实存在的国王却没有出现在名单上。法老王统治时期记载的精确性也因此缺乏了坚实的理论基础。

同理可见，尽管拉美西斯二世的统治时期在本书中表述为公元前1265年至公元前1200年，读者也可能会在其他书籍中看到不同的记载，有从公元前1290年至1223年的，也有从公元前1279年至1212年的。我想，这样一个微小的差异在埃及这个伟大国家的漫长历史长河中，应该肯定是能被读者原谅的吧。

据记载，拉美西斯二世是第十九王朝的国王，十九王朝从他祖父拉美西斯一世（前将军）在公元前1278年左右成为国王开始，一直到公元前1176年左右末任女王特沃丝拉特统治期终止结束。

第十九王朝紧随第十八王朝（约公元前1540-1278年），十八王朝是古埃及历史上最繁荣、最动荡的时期之一。一些我们最熟悉的法老都属于这个

王朝，包括女法老哈特谢普苏特、阿赫纳顿（又称阿蒙霍普顿四世）和图坦卡蒙。古埃及学家在划分埃及历史时期时，将这两个王朝都纳入了新王国时期，新王国从大约公元前1540年持续到大约公元前1078年。

埃及历史时期的划分始于早王朝（约公元前2900-2580年）的形成，其次是古王国（公元前2580-2120年）；混乱的第一中间期时期（公元前2120-2010年）；中王国（公元前2010-1660年）；另一个混乱时期第二中间期（公元前1660-1540年）；新王国（公元前1540-1078年）；第三中间期（公元前1078-664年）；赛特时期（公元前664-525年，以西三角洲法老的首都赛特城命名）；以及后期王朝（公元前525年–332年），在后期王朝期间波斯人的参与越来越多，直到他们在公元前342年直接控制了埃及。波斯人在公元前332年被亚历山大大帝打败，亚历山大大帝开创了希腊化时期（公元前332-30年，包括希腊托勒密王朝的统治），希腊化时期一直持续到公元前30年到公元后395年的罗马时期。

古埃及历史悠久，源远流长，时期朝代的归类划分的确有助于阐释历史。然而事实上没有一个生活在拉美西斯二世时期有自尊的古埃及人会认为自己生活在新王国的第十九王朝里，因此在重述历史中，我在整本书中使用了大家更为熟悉的公元前，公元和国王统治年这样的表述框架。

图见第8页：大神庙外观

第二章 阿布辛贝大小神庙

拉美西斯二世既建造了很多神庙，也同时涂抹修改了很多他前任国王神庙的王名圈，将神庙刻上了自己的烙印。他的名字以王名圈的形式在埃及各地神庙都有发现，而且刻得极深，以至于他后任的国王都很难将其移除，在未来的几个世纪中，只有少数他的王名圈被偶尔地消除了。

在他在位期间，拉美西斯在努比亚下部（努比亚北部，阿斯旺以南）修建或改造了许多神庙，其中包括贝特-阿尔瓦利 (Beit al-Wali)，格尔夫-侯赛因 (Gerf Hussein)，瓦迪-阿尔塞布亚 (Wadi al-Sebua)，德尔 (Derr) 和阿布辛贝，其中他投入最多，最看重的就是阿布辛贝。拉美西斯二世参与了阿布辛贝大小神庙从规划到建造的整个过程。

在努比亚建神庙的目的很复杂。可能是目的之一是通过宣扬埃及王权优越性来威慑努比亚人和路过的商人，然而通过对努比亚当地神和女神的描述，神庙同时显示出了埃及统治者愿意适应当地人需要，为能够"同化"他们的南方邻居而做出的努力。我们也许可以在神庙中普遍存在的阿蒙神看到这一点，尤其阿布辛贝大神庙与南部遥远的格贝尔巴克尔（今苏丹）的努比亚神庙有着直接的联系。而且，库努姆神，阿努基斯女神，和萨蒂斯女神，三位神的祭祀中心主要位于阿斯旺象岛（见第三章阿布辛贝神庙主神和女神的介绍）。而这三位神在神庙多次出现。

这一时期以前，埃及神庙的设计大体相同，要么完全或部分地雕刻在山体的岩石上，要么雕为独立石像。拉美西斯二世似乎在努比亚喜欢修建全岩窟或半岩窟神庙——圣堂中的神是从山体上岩石中雕刻出来的，神像身上涂有灰泥浆和漆彩，置于圣堂的最深处。神庙建在山上可能与埃及的创世神话有关，在神话中，神就是从原始的山丘生活，之后才来到我们的世界。同样地，在神庙中，山体外面的部分可能象征人类世界，而山中挖掘出来的部分代表神的世界。

努比亚的岩窟神庙位置也可能代表着向南朝圣的意义，表达法老对太阳神拉的崇拜，太阳神拉是埃及和努比亚的主神。

但是神庙所代表的象征意义很难下定论，因为所有的神庙不仅仅是由国王建造的，还有努比亚的总督们为了纪念他而建的。

所有的岩窟神庙建筑特征大体相同：入口类似中国的"牌楼门"或 塔门（传统上由两座塔楼组成入口，塔楼正面呈斜坡状向内倾斜，中间有一扇门），国王的巨大石像庄严高耸立于入口两侧；进入门后，是列柱大厅，里面是由巨大石柱支撑屋顶的大厅或开放的庭院，通常还会通向第二个列柱厅；然后是一个前厅， 前厅是在到达圣堂之前举行仪式和放置祭品的房间；在神庙深处，有三个房间，中间的一个是圣堂。这是整栋建筑的终点，是真正的圣地。大多数神庙，像阿布辛贝一样，都有单独的储藏室供奉祭品，亦或用来供奉努比亚人向国王的献礼。

进入神庙后，空间越来越小，地面越来越高，屋顶也越来越低，这一步步更加压抑的氛围使神庙终端的圣堂充满了神秘感和庄严的威慑力。这些寺庙光线的设计也同样增强了神庙神秘阴森的气氛：神庙入口阳光充足，进入塔门后，光线逐步减弱，到深处的圣堂时只有微弱的光线射入。

下努比亚神庙的浮雕基本上有两个主题：一个是国王英勇击败敌人的战斗再现（成功保卫领土安全并阻止混乱势力），战争活动通常出现在外墙和前柱厅；另一个是国王与神的交流（维护人民的秩序和安全），通常可以在通往圣堂的内柱厅中发现。所有的壁画和雕像都在内层涂以灰泥浆打底，外层上色，颜色鲜艳亮丽，以拉美西斯二世最喜欢的黑色、红色和黄色为主色调。

前柱厅北墙面的军事场景倾向于描述北方的战争，南墙面则描述南方的战争。

这些战斗场景的浮雕和壁画不一定都是转述真实的历史事件，只有卡叠什战役是个例外，此战役发生在拉美西斯统治的早期，拉美西斯二世在神庙中经常重复再现这场战斗。

在所有的努比亚神庙中，拉美西斯二世都是以神的地位存在而被自己崇拜（"神化"自我）。他这种自我的神化，从某种意义上来说，是受到阿蒙霍特普三世努比亚神庙的影响（希腊人又称其为阿蒙诺菲斯三世，公元前1377-1337年在位）。然而神化的概念在古埃及历史上早在女法老哈特谢普苏特统治时期就出现了。有趣的是，阿蒙霍特普三世也为他的正妻提耶在塞丁加建造了一座神庙，而提耶被神化成哈托尔女神和泰芙努特女神的形象。所以这诸多迹象可以使我们合理地认为拉美西斯二世把阿蒙霍特普三世视为一个国王的榜样。

大神庙

阿布辛贝的大神庙位于马哈的荷鲁斯神的圣地，马哈的荷鲁斯神是荷鲁斯神在马哈的地方神。

如上所述阿布辛贝属于岩崖神庙，其凿入山体的深度是60米。

神庙主要供奉拉-哈拉胡提神（其崇拜地多集中在赫利奥波利斯地区，现开罗近郊）。此外，阿蒙-拉（其主要崇拜中心位于底比斯，今卢克索），拉美西斯二世（神化的国王）和普塔神（其祭祀中心位于南部的孟菲斯，现开罗东南方，靠近塞加拉金字塔）是另外三个主要供奉的神祇。

在建筑师和祭司认为合适的地方，山体岩石的表面被向内开凿，凿出塔门的形状（两个向内倾斜的塔楼中间有门）。我们知道，卢克索神庙的入口四周也环绕着体积巨大的拉美西斯二世雕像，因此可以看出阿布辛贝神庙是以同样的理念建造的。

塔门的两座塔可能代表了守望塔，其寓意是阻止入侵者和保证生活的正常秩序，塔门的形状似乎模仿了地平线象形文字的形状，这充分体现出阳光在神庙设计中的重要性。因为当阳光沐浴在塔门上时，经过折射，内殿避光的物体就可以免受太阳光的照射。

这种光的旅行在黎明时分在阿布辛贝神庙最为明显，因为清晨的光线从神庙的正面开始照射。

首先，塔门上的一排狒狒最先沐浴在阳光下-传统上狒狒是迎接旭日的使者。

然后塔门的两行 "地平线"象形文字被照亮。顶线是国王的小雕像，雕像两边各有一条圣蛇。底线有国王的王名。在阿布辛贝，拉美西斯被神化为荷鲁斯神，是埃及一头强壮的公牛："活荷鲁斯"，铭文上写道，"热爱真理的强壮的公牛。上下埃及的国王。正义的力量就是拉。拉的代表。拉的儿子。拉美西斯，阿蒙神的挚爱。"

南面（左边）的铭文继续写道："神之王阿蒙-拉的挚爱"，北边（右边）的铭文是：

"伟大的神拉-哈拉胡提的挚爱。"

接下来，几座21米高的巨型拉美西斯雕像的头部被照亮，我们看到他头部戴有象征上下埃及统一的双王冠，额头饰以圣蛇（乌赖乌斯　　 ），并戴着有条纹的涅姆斯头巾。拉-哈拉胡提，"地平线间旅行的拉"，其雕像在国王头像之间，头顶有日盘。

拉-哈拉胡提右手持有豺头标志权力沃斯(User)，左手握有象征真理和正义的女神玛阿特(maat　)的雕像。所有这些标志都是拉美西斯二世即位时取下的王名的一部分："沃斯-玛阿特-拉（User-maat-Re）"，他的正义力量是强大的，加上他是"拉的选择"。因此无论从哪方面看，拉美西斯二世都通过女神玛阿特赋予拉-哈拉胡提和他自己名字以正义的力量。

　　每个巨大的雕像都有一个名字刻在国王的肩膀上，宣告拉美西斯二世的君威。

从左到右，雕像依次刻有'统治者的太阳'、'两个国家的统治者'、'阿蒙的至爱'和'阿图姆的至爱'。

　　然后阳光撒落到巨像两侧的一群小雕像上，雕像高度在拉美西斯膝盖以下。

在门口上方，拉-哈拉胡提右手持沃斯权杖，左手握象征真理和正义的玛阿特小雕像，拼写为拉美西斯二世的王位名，沃斯-玛阿特-拉 (User-maat-Re意为"拉神的正义是强大的"）。

奈菲尔塔利立于北面第一座拉美西斯二世巨大石像旁

　　这些小雕像是国王家庭成员，包括他成年的孩子，这使我们相信这座神庙的建造始于拉美西斯统治的第五年左右。

　　最南端的国王巨像旁是他女儿们的雕像：包括内贝蒂，还有一个不知名的女儿，以及宾塔纳特。

国王第二个巨像右边有拉美西斯母亲图伊，长子阿蒙希尔文埃姆和长子的母亲，也就是拉美西斯二世第一任妻子，奈菲尔塔利。

　　穿过入口，奈菲尔塔利的雕像再次出现，旁边伫立着拉美西斯王子以及她和国王的另一个女儿，巴克穆特的雕像。最后，在国王最北边的雕像旁边，太后图伊第二次出现，旁边还有梅莉塔蒙公主和她的母亲奈菲尔塔利。因此，神庙的正面可以说是整个皇室家族的纪念碑，这在十九王朝是首无先例的。

太阳继续升起，这时璀璨的日光沿着神庙的门廊飘进廊厅，通常来说，阳光不会穿透很远。然而，每年有两天阳光会穿透整个神庙，一直照到圣堂。

阳光最后到达一个平台，上面有一排雕像，拉美西斯二世和代表拉-哈拉胡提的雄鹰雕像交替出现。这是升起的太阳最后停歇的地方。

在拉美西斯二世统治时期，要进入大神庙只能通过尼罗河。大神庙旁唯一的出口是通往小神庙的石

大神庙的露台上有拉美西斯二世和猎鹰（象征拉-哈拉胡提）交替出现的雕像。

门。北侧高耸的泥砖墙挡住了道路，部分泥砖墙现在得以重建。

　　神庙的外厅对所有人开放以便民众祷告，所以即使是最卑微的旅行者或村民也有可能在外厅祈祷或请求神的代祷，但这样的活动可能被限定在某些规定的时间里。人们主要对拉美西斯二世的巨大雕像祈祷，与底比斯神庙一样（卢克索），国王的巨大雕像旁有指定的祭司。

　　无论来自哪个国家种族，路人都可以穿过前院来到露台祷告，路人也可在大神庙左侧的小神庙祷告，里面有托特神（拉的使者，月亮神）和拉-哈拉胡提的浮雕，小神庙当时可能是放置用于祭祀的圣船（船桅）的中转站。大神庙右侧是一个献给太阳神的小型开放式的庭院神庙。

　　走到露台台阶前，我们会经过两块独立的石碑和两个供祭司洗礼用的石盆。左边的铭文（石碑）显示国王向阿蒙-拉、普塔神和伊西斯神献香；右边的铭文显示国王向阿蒙-拉、拉-哈拉胡提和托特神献花。

　　经过露台时还有许多能让我们很感兴趣的石碑，但最引人夺目的是露台前面最南角的那一块。它记录了拉美西斯二世在他统治第三十四年与赫梯公主的婚姻安排，石碑上方可见拉美西斯在与身着埃及长裙的美丽公主缔结连理，他正从公主的父亲哈图西里斯三世（Hattusilis III）面前迎娶新娘。铭文解释说：

希塔地的首领（赫梯人之地赫梯的埃及名）对他的军队和贵族说："我们的地被毁坏了...　我们所有的财产也都被掳去了，我的长女是第一个被掳走的..."

　　然后他们带着财物，华美的金银礼物，还有很多神奇的贡品...

　　（使者来拜谒）对高兴的陛下说："看吧，希塔地的大首领来了，带着他的大女儿，带着许多贡品。带着他们的一切！　他们翻山越岭，走了许多艰难的道路，只为来到伟大的陛下您的领土。"

　　国王听到这个消息，心里非常高兴。希塔地首领的到来出乎国王的意料，他命令[仪仗队]和他的儿子们快去迎接[赫梯王]。

　　他的军队（很快）回来了，希塔地人腿很强壮，步幅很大，大首领的女儿走在军队的最前面。

　　其他国家的大首领也都来了，当他们看见希塔地国王和他们一道来寻求拉美西斯国王的庇佑时。他们都吓坏了，害怕地转身走了。

　　我们后来知道，正如拉美西斯二世对送亲队伍来到埃及境内感到意外，哈图西里斯三世则更为吃惊地发现他的土地被描述为被毁坏，他与法老的联姻也被描述为向法老进贡。

大神庙的前柱厅

我们回到神殿的入口，古埃及最重要的来客也许可以被允许从阳光灿烂的外部世界走进黑暗的神庙圣堂。

在入口通道里，壁画时刻提醒着我们国王的君威，他成功地征服了埃及传统的敌人：左墙上描绘着努比亚人被国王击败捆绑；右墙上描述着埃及东北部的"利比亚人"（被称为"亚洲人"）被国王收为俘虏。这里也再现了国王所代表的国家的统一：尼罗河神把象征上下埃及的荷花和纸莎草捆在象形文字周围，代表埃及的"统一"。

跨过门槛后，我们最有特权的古埃及来客从这里开始远离了外面喧嚣的世界。

前柱厅是第一个有柱廊的大厅，里面有八尊拉美西斯二世的雕像，他的站姿模仿冥界之神奥西里斯。他的手臂交叉位在胸前，手里握着权势的象征——拐杖和连枷。左边的雕像戴着上埃及王冠（）），右边的雕像戴着上下埃及的双王冠（）。每座雕像的背面和侧面都有拉美西斯二世、奈菲尔塔利和宾塔纳特公主向神献祭的图像。

最后两座雕像（面向圣堂）之间的左侧，矗立着一块石碑，其上记录着拉美西斯为孟菲斯（古埃及首都，吉萨以南20公里）的普塔大庙奉献的礼物和建筑。

铭文极为华丽而冗长，但它记录了拉美西斯二世在古都所修建的一些伟大的建筑。部分内容可以释义为：

我在孟菲斯扩建了您的住所，材料耐久可传承百世。我动用大量的人力，用巨石、黄金和昂贵的宝石建造了您的前院，庭院在神庙以北，正面为双立面，恢弘雄伟。门如天际的地平线，即使陌生人路过也要忍不住赞美您。在围墙中间我还为您建造了一座宏伟的神庙。[您的神像]我所崇拜的神，在它神密的圣堂里，背倚着神圣的王座。

即使光线阴暗，大厅壁画的色彩也很醒目。红黄黑是主色调。红色和黄色取自当地的赭石沉积物制成，黑色是由煤烟和木炭制成的。

头顶天花板上，秃鹫们飞过屋顶，秃鹫间刻有象形文字的王名圈（现已褪色）；侧通道的天花板上绘有星星。

前柱厅墙壁上都是拉美西斯二世作为埃及国家军事武装保护者的再现。

国王在神注视下击败敌人的传统场景出现在神庙门内部的两侧，阿蒙-拉（南面）和拉-哈拉胡提（北面）。战斗场景下描绘着一行王室子女，王子在面对庙门的右侧（南面），公主则出现在左侧（北面）。在公主图像下，留有一个罕见的四列象形文字的签名，这是一位名为皮亚伊的雕刻家标记的。

　　尽管拉美西斯二世的长期统治在最初几年后都相对平静，但前柱厅的左（南）墙布满了针对叙利亚人、利比亚人和努比亚人的无名战役。一部分战役几乎可以肯定是假想出来的，壁画的首要目的是要展现国王阻止敌人入侵的强大军事实力。

　　法老仪式性的消灭国家敌人的图像传统可以远

象征保护女神奈库贝特的秃鹫横贯外柱厅的天花板，秃鹫间刻有褪色的拉美西斯二世的王名圈。

拉美西斯二世和他三个儿子一起攻击一所无名的叙利亚要塞（场景右侧）。国王额外的手臂和弓是艺术家修正的痕迹，痕迹原被涂浆覆盖：前柱厅南墙东侧。

溯到埃及的古时代（例如，发现的公元前3000年左右的纳美尔调色板），这种传统壁画主题一般出现在从神殿入口到圣堂的区间：从光明到黑暗完成从人到神的转变，战役的场景象征着在国王统治下，通过他军事实力和他与神的亲密关系，国家从混乱到秩序的转变。古埃及人认为，世界再次变得像原始世界那样混乱是不可避免的，只有在国王和代表国王的祭司的调节下，世界的混乱才能得以控制。

　　在这片土地上，沙漠（代表混乱）不断地挤压着尼罗河边缘的狭长的可耕用土地（代表秩序和稳

定），自然而然，混乱和秩序是埃及人极为关注的问题。

在南墙的东端（左），拉美西斯坐在战车上，在他的荣耀里，傲然攻击叙利亚的一个要塞，他的三个儿子伴随着他。如果仔细查看，国王似乎有两张弓，还有额外的手臂，这是在修复原来的雕画时产生的变动，当初修复并涂上灰泥和漆彩时，这些改动是看不见的。

同面墙的中间位置上是一幅颇有戏剧性的图像，国王正刺向一个利比亚酋长，这是一副仿图，原图在卡纳克神庙列柱大厅的外墙上，是为拉美西斯的父亲塞提一世（公元前1276-1265年在位）创作的一幅浮雕。墙的右边，拉美西斯再次出现在他的战车上，他的宠物狮子伴随着他，右边下一面墙上国王把努比亚人押在前面，朝着众神走去。

在这些好战的场景之上，可以看到国王向几位神献祭，左面是国王向梅里穆特夫和狮子头女神伊普特献香，以及向阿蒙-拉献布。在中间，托特神和塞萨特在书写，而在这旁边，国王在一棵圣树下跪在拉-哈拉胡提面前，托特在树叶上书写。

在最右边，国王在阿蒙神面前，阿蒙神正从距离阿布辛贝以南420公里的格贝尔-巴克尔（Gebel Barkal）的圣山上出现，这也许是建筑者对当地努比亚宗教信仰和情感的认可。格贝尔-巴克尔是一座孤立的砂岩山，它让人联想到创世传说中的原始

土丘，也就是创世之初的第一块土地，同原始土丘一样，山上有一个独立的尖顶，从不同视角看去，尖顶形似一头顶着日盘或白色王冠的眼镜蛇。至少从图特摩斯三世（公元前 1468-1415年在位）开始，献给阿蒙神的一个复杂的寺庙群就在那里建立起来，使之成为卡纳克神阿蒙的南方崇拜场所。

在门口两侧的壁画中，拉美西斯向众神展示他的俘虏：他把努比亚俘虏献给阿蒙-拉，神化的拉美西斯二世（崇拜自己为神），和左侧（或南侧）的穆特女神；把赫梯俘虏献给拉-哈拉胡提，被神化的拉美西斯，和在右边（或北边）的阿乌萨斯女神。

被神化的拉美西斯很明显是在稍后的时间被插入到门左侧（以及神庙其他地方）的图案中。穆特女神最初坐在阿蒙-拉的后面，拉美西斯二世的加入使女神重新被雕刻成站立的样子。

壁画中被神化的拉美西斯头顶阿蒙神的公绵角来表示和阿蒙神的结合。这可能反映了当地努比亚人的信仰，他们认为公羊神与水有关代表生育和繁荣，后来在努比亚，公羊成为当地版本的阿蒙的特征，与公羊神结合的阿蒙在阿布辛贝以南355公里的古镇克尔玛等地区很普遍。

在门的高高的上方是国王在狮身人面像前的两个场景。门楣上是拉美西斯奔向阿蒙-拉和穆特

阿蒙神从博尔戈尔山神圣的努比亚山中出现：前柱厅南墙西侧。

的场景，右边是奔向拉-哈拉胡提的场景。在门柱上，他向敏神、阿图神、普塔神和蒙图神献祭。

　　大殿的整个北墙都是与赫梯帝国在卡叠什战役的战斗场面（卡叠什是叙利亚霍姆斯湖以南的奥朗特斯河上的一个城镇）。卡叠什战役是拉美西斯二世一生中的一个决定性事件，这场战役在他建造或改建的神庙中都有广泛的表达，例如位于阿比多斯、卢克索的神庙和位于底比斯西岸的拉姆塞姆纪念庙。

　　卡叠什战役是我们可以从书面记录中可以重建的第一场古代战役。然而，这样的重建必须小心，因为我们看到的记录不可避免地带有偏见，并不是现代意义上的"历史"，而是国王宣传君威的工具。例如，埃及在卡叠什战役所自诩的胜利就有待商榷。

在埃及的其他地方，这场战役的记录由三种资源组成：浮雕、官方报告（称为官方记录）和更华丽的报告（称为文学记录）。在阿布辛贝，文学记录没有发现，官方报告也被缩减，这可能因为可供记录的空间不够大，也可能因为附近能够阅读文字的人数很少。

所以我们文中用高度的视觉细节来再现战斗的过程。

这场战斗发生在拉美西斯二世成为国王后的几年，主要是战车部队之间的对战，有时步兵也会加入。在离入口最远的储藏室门的左边可以看到埃及战车和步兵。　从贮藏室门中间开始，埃及的兵营驻扎在卡叠什附近，兵营以法老的帐篷为中心，四周围有盾牌。

在更高的地方，是双方战车部队战斗的场面，长条形壁画横贯整面墙。卡叠什市清晰可见，奥朗特斯河和运河将城市包围，旁边还有战士战斗的图像。

第二个储藏室门（离入口最近）右侧的大部分场景都是描绘战役开始和结束的场景。壁画里，年轻的国王坐在他帐篷的凳子上，戴着　蓝色战冠（⚬），正在和他的军官们讨论战术。

这副画下，被俘虏的赫梯间谍正在接受审问，在画的上方一直到这面墙的边缘，描绘的都是战斗结束的场面，赫梯囚犯被围捕，法利赛人在记数割下的手以计算赫梯军队的死亡人数，意在展示埃及的胜利。

在卡叠什城市的右面，"战败的"赫梯国王在驾着战车逃跑，他回过头，依依不舍地再注视这个城市最后一眼。

事实上，卡叠什战役在历史上充其量只是平局。实际的情况是，拉美西斯二世被迫从城墙撤退，返回埃及，而赫梯帝国仍然占据着卡叠什。从此后，卡叠什再也不属于埃及帝国了。

卡叠什战役壁画包围的储藏室里有各种各样的国王向神和女神献祭的场景，同时还有岩石切割成的储物架。这些房间，连同前柱厅和内柱厅之间左右两侧的房间都被用来储存神庙的物品，其中可能还包括来自努比亚的贡品。

在左边，北墙上入口处第一个储藏室的尽头，是一幅未完成的图像，它说明了神庙里所有的浮雕是如何被创造出来的：艺术家用黑色墨水标出了轮廓，雕刻家按照轮廓开始凿出粗糙的浮雕，然后刨光，上灰泥浆，涂上漆彩。

回到入口处面向圣堂看，你会发现岩窟神庙在视觉上使距离变短的现象，阿布辛贝一层层上升的地面在视觉上比其他类似上升地面的神庙更为显著很

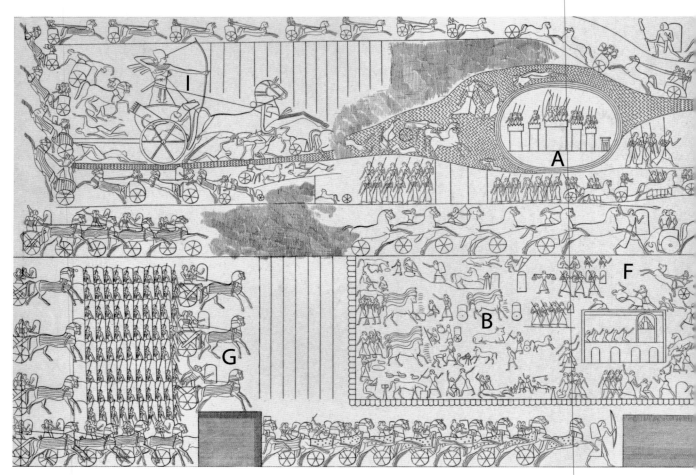

商博良 (Champollion) 1828-1829年记录的卡叠什墙。(a) 奥伦特斯河和运河包围的卡叠什市；(b) 在卡叠什旁驻扎的埃及营地和皇家帐篷；(c) 赫梯间谍被打透露赫梯军队近在咫尺；(d) 拉美西斯戴着蓝色战冠与他的军官和官员举行会议；(e) 一名信使带领剩余的埃及军队南下；(f) 营地受到攻击；(g) 一支新的埃及步兵和战车师从西部抵达；(h) 赫梯战车部队被击退；(i) 拉美西斯率领埃及军队迫使赫梯人返回河流；(j) 赫梯国王逃离战场；(k) 拉美西斯取得胜利，通过计算砍下的赫梯人手的数目来记录敌人的死亡数量，囚犯被送上战场。

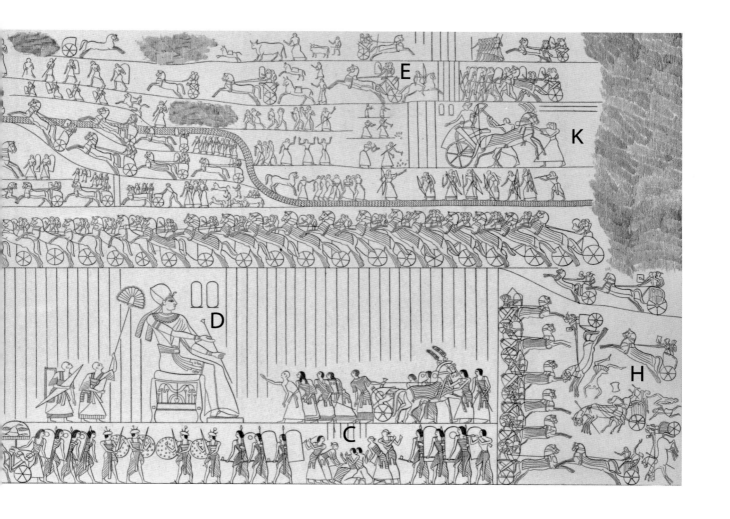

图见**27**页：埃及弓箭手瞄准目标-赫梯战车部队和马匹：北墙右下方

奥伦特斯河和运河包围的卡叠
什市：前柱厅北墙中高部

多。天花板显得更低，墙壁之间的距离显得更小，所以视线越来越集中在圣堂上。

　　通往内柱厅以及更深处的门，在大多数时间里，除了祭司能进入外，对所有人都是关闭的。为了强调这一点，内柱厅门两侧各有一只砂岩猎鹰头狮身人面像保护着这扇门。　　狮身人面像被贝尔佐尼在1817年移走，现保存在大英博物馆。

　　我们不知道有多少祭司和侍从在阿布辛贝神庙服务，但即使是在各省，参与神庙运营的总人数也是相当可观。但是他们泥砖房的任何痕迹早就在考古学家对遗址感兴趣的时侯就都消失了。1930年代在大庙南部2公里处发现的石雕坟墓是我们唯一已知的祭司社区的遗迹。除了祭司外，附近还居住着各种各样的工匠维护神庙，附近的农民为供奉神灵和维持社区提供食物。对神庙的部分捐赠肯定还包括农业用地和其他宝贵资源，但这些捐赠不一定在神庙近围。

　　除了偶尔非常重要的来访者外，只有祭司和高级侍从才能跨过门槛进入内柱厅。内柱厅比前柱厅

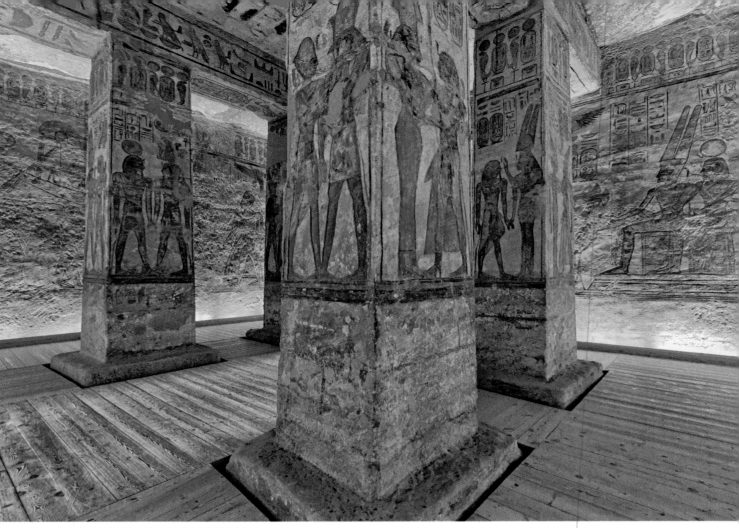

大神庙后柱厅，国王和神交流的地方

要小得多，由四根方形廊柱分成三部分。这里没有战争的意象，因为我们真正进入了神庙举行仪式的空间。

廊柱四周都有国王受到众神欢迎的图像，包括右边第一根廊柱的南面有神化的国王自己。

在内柱厅门的两侧都是国王向神献花或莴苣的情景。鲜花是生命和再生的象征，莴苣在古埃及被视为春药，还是生育神敏神的阳具象征。左侧的神有阿蒙-拉、穆特和他自己 （后来添加的），右侧有敏-阿蒙，伊西斯和他自己。

在左（南）壁上，拉美西斯和奈菲尔塔利在阿蒙-拉的圣船前献祭；在右（北）壁上，国王和王后在拉美西斯二世的圣船前献祭。

这些模型船包含神的石像，由祭司抬起，是真正刻出来的船。因为太阳神拉每天都会坐圣船穿越天海，所以人们认为船是所有神的交通工具。

圣船会由祭司抬起列队前行，特别是在节日期间，如果有必要，有时会用全尺寸的圣船将神送往更远的地方。例如，阿蒙神在卡纳克的圣船就以这种方式沿着尼罗河西岸被运送到其他的神庙，曾有两条大型的行走路线，一条是在河东岸庆祝欧佩特节的路线，另一条在美丽的河西岸为欢庆山谷盛宴的路线。

国王在阿蒙-拉的圣船前献香：后柱厅南墙

在内柱厅的后面，有三扇通向前厅的门，中央的门与圣堂对齐（在中央门左侧的廊柱上，国王在阿蒙-拉之前；在右侧的廊柱上，国王在拉-哈拉胡提之前）。这些门通向神殿最神圣的区域-圣堂。

圣堂只有最高级别的祭司、国王或他的最高地方代表才能进入。

墙上的图像明示了前厅的功能。在这里，国王向诸神献上酒、香、面包、鲜花和玛阿特神（女神

大神庙外厅

的小人像，女神代表真理、秩序、和谐、道德和正义并体现国王职责）。

经过门后回头朝入口看去，可以看到国王把面包递给左边隔段墙上的阿图姆，把酒递给右边的敏-阿蒙-卡穆特夫。在圣堂入口门左侧的墙上，国王向有着公羊头的阿蒙-拉献香，在门右侧他向普塔神献花。在北面（右手边）的壁画里，国王把玛阿特小像献给了托特，在南面的壁画里，国王把酒献给了荷鲁斯-哈。

然而，要充分了解前厅的功能，我们必须进一步深入探讨神庙的仪式功能，尤其是祭司的身份。

也许在人类历史上，宗教和王权的概念从来没有像古埃及那样如一体般存在。

国王处于众神和埃及人民的中间，代表人民和众神沟通，代表众神和人民沟通。

这种关系渗透到社会的各个阶层，从最高层到最底层。正如希腊历史学家希罗多德对埃及人所做的著名评论那样，"他们的宗教性远远超过其他国家的人。"

尽管国王只出现在最重要的祭祀中心和最重要的宗教节日中，但理论上讲，在埃及的任何神庙中举行的任何仪式都是以国王的名义或代表他进行的。国王在宗教仪式中与神亲密沟通的形象，最常被描绘在墙壁上，如在大神庙的前厅和圣堂里，而实际上的仪式则常由祭司和侍从代他进行。

虽然在拉美西斯统治前的几个世纪里，祭司的职位经常是由国家的官员兼职，这些官员一年中只有几个月的时间担任祭司。但到了阿布辛贝神庙建成时，祭司的教职主要变成了职业性的，且通常是世袭性的。

祭司们要执行非常严格的清洁标准。他们接受了割礼，通常被要求剃光头，保持身体无毛，经常修剪指甲，每天净很多次身，除此之外还要进行其他仪式的身体净化，包括为了身体内部清洁而咀嚼纳豆盐。他们不能穿皮革或羊毛，只能穿纯亚麻布制成的衣裳。古埃及祭司不是独身者，所以性活动会使他们不洁净，性活动后他们需要被净化，另外吃某些被禁止的食物后也要被净化。

就是这样的祭司和他们的随从，每天要进入阿布辛贝神庙的前厅里三次，在圣堂向神献祭。精心准备的饭菜可能会被呈献在一个祭坛或几个祭坛上。餐食的材料可能储存在圣堂左右两侧的两个储藏室里，包括牛肉、山羊肉、面包、蔬菜如洋葱和韭菜、水果如枣、无花果和石榴，还有饮料，饮料包括水、牛奶、酒和埃及的传统饮品-啤酒，啤酒通常盛在代表上下埃及的配套食罐中。餐饭会煮好放在圣堂外面，不是作为燔祭。

当神灵享受了获得他们所需的神圣营养的机会后，这些食物将被视为回到了他们的自然状态，并被带走分发给神殿的祭司和侍从。这种祭餐仪式

大神庙圣堂

会在每天的早上、中午和晚上重复（最后两顿饭可能是第一顿饭的简化形式）。

圣堂是神庙中所有活动的中心。只有大祭司或经仪式净化的国王才能进入到这里。当祭品准备好时，大祭司可能会带上一两个随从，打开门上的封印，在众神面前俯伏。

然后他会唱赞美诗，围绕着神龛或圣舟，给神像薰香、洗刷、涂油，然后向神呈献玛阿特雕像。

圣堂里的崖雕石像。从左至右：普塔，阿蒙-拉，拉美西斯二世，拉-哈拉胡提

这仪式象征性地表达了国王维护国家秩序的职责，但也强调了王与神亲密而特殊的关系以及与神交流的能力。因为玛阿特女神和国王都被任为是拉神的孩子。

玛阿特是最高祭品，被视为所有祭品的总体。正如日祭仪式的一个版本所说，"玛阿特存在于你们所有的住处里，所以你们都拥有玛阿特。盖住你四肢的长袍是玛阿特。你鼻子里呼入呼出的气息也是玛阿特。"祭司代表国王敬献玛阿特时，满足了神的需要，同时也帮助国王更新和加强了与神的联系。

圣堂里的雕像可能被清洗过并涂上了油。香被称为"神的气味"而被大量燃烧。　最后，大祭司的脚印或任何其他可能留下的记号都要被抹去，圣堂的门也要重新被封上。

毫无疑问，圣堂墙壁上的浮雕中心是国王。在南面的墙体上，他出现在阿蒙-拉的圣船前，而在北面的墙上，他又一次出现在自己作为神的圣船前。

然而，圣堂的主要特征是祭坛，圣船或神龛坐落其上，四个真人大小的坐姿雕像背靠着西墙：从左到右是普塔神，阿蒙-拉，被神化的拉美西斯二世，和拉-哈拉胡提。这些祭祀的雕像，虽然是从岩石上凿出，却被认为是有生命的，神在仪式中会显身在石像上，可以由凡人交流。每年2月21/22日和10月21/22日，除了普塔神之外，这些雕像都会在日出时被太阳照耀，普塔神是上古时期自我创生的神，是孟菲斯的主人，工匠的保护神和真理之主。

虽然，当普塔神不与另一个神如冥神奥西里斯结合时，并不常与来世关联，但这种避光的设计似是有意的，旨在提醒人们普塔神与冥界的联系。无论真实的情况如何，普塔神远离阳光的雕像，充分将他与葬礼和来世相关的特点向人们传达出来。

拉美西斯二世时期能工巧匠甚多，完全有能力设计并制造出这种特定的光照景象，但古代记录中没有任何证据来表明他们有意为之。认为这些日期与拉美西斯二世人生中的重要事件相关的说法也不是很准确的（包括他登基日期或他的生日），这种说法似乎开始于二十世纪六十年代神庙被迁移的时候。

无论如何，拉美西斯二世仍安然地坐在其他诸神中间。

事实上，所有古埃及法老死后都成了神。正如金字塔铭文（宗教文本记载可以追溯到至少公元前2400-2300年）所说，"他［死去的国王］是一个神，比最古老神的更古老。他被数千人服侍，并接受数以百计的人的敬奉。"事实上，国王在世时的部分权威来源于他虚构与历史上所有或大部分死后成神的王相连的血统，塞提一世（拉美西斯二世的父亲）和拉美西斯二世在阿比多斯的神庙墙上就列有先王的名单，以证明与神王的亲密关系。

在埃及历史的早期，祭祀活动也围绕在世的国王展开，但当意识到在世的国王只具有神的属性时，人们对国王是否应被视为真正的神、或平凡的人，或两者兼而有之的争论很多。

在那些历史文本记录丰富的历史时期，这些争论都有大量地文字记载。认为在世的国王是神的观点在神庙中王的雕像上可以得以体现。国王的身形大小与诸神相同，远远高大于他的臣民，并且他的形象经常与"神圣的存在"这样的词语相连。

小神庙列柱厅。托特神在左边第二廊柱，拉美西斯二世位于其右边的廊柱正在献香。左后方，阿布谢赫女神哈托尔坐着接受献花，而在右后方，女神穆特坐着接受献花。

图见41页：马哈神荷鲁斯和努贝特神赛特为拉美西斯二世加冕：列柱厅东南墙的左侧墙壁

哈托尔廊柱，小神庙列柱厅

赫尔温姆夫（Prehirwenemef）王子。 他们子女的雕像还在入口南面，但顺序相反。与大神庙一样，神庙正门有着纪念碑的功能，因此小神庙可能为拉美西斯、奈菲尔塔利和他们的后代服务。

　　奈菲尔塔利王后手持叉铃（Sistrum）。叉铃是古埃及一种乐器，与哈托尔女神有关，而且王后石像有象征哈托尔女神的牡牛角，日盘和两根羽毛。国王则戴着不同的王冠，尤其在北部或右侧雕像上国王戴着阿特芙王冠 （atef） （），它在上埃及（）圆锥形的白冠（hedjet） 两旁饰有鸵鸟羽毛，

奈菲尔塔利手持
哈托尔女神的叉
玲向尼罗河水神
阿努基斯献花：
列柱厅东南墙
中间

列柱厅的哈托尔廊柱。背景是（廊柱隔开的壁画）拉美西斯向拉-哈拉胡提献酒；公羊头赫里舍夫；列柱厅东北侧

国王王后向塔韦赖特鲜花：前厅中间通道的左侧

代表真理、正义、道德和平衡，表示是奥西里斯神的化身。

在雕像上方的水平位置，国王的雕像也像大神庙那样分别被命名为："统治者的太阳"、"上下埃及的统治者"、"阿蒙的挚爱"和"阿图姆的挚爱"。他们也是拜神者和众神交流的媒介。

雕像间扶壁上的铭文表明了拉美西斯二世的意图：

> 圣堂是巨大巍峨的纪念碑，献给伟大的王后奈菲尔塔利，穆特神的挚爱，太阳神拉为她而照耀……他[国王]在努比亚的山上开凿了一个圣堂，一个永恒之所，这是上下埃及的国王，沃斯-玛阿特-拉，为他伟大的妻子，穆特的至爱，奈菲尔塔利建造的圣地，在努比亚，她就像拉神一样，永世长存。

门口上方突出的岩石可能意在雕刻哈托尔的神像，但没有完成。

行过入口，你会进入到与大神殿相似的列柱厅，里面的雕像只有女神哈托尔和奈菲尔塔利，所以很明显小神殿是为敬奉女神哈托尔和王后而建的。

当然国王战胜敌人的场面不可避免地出现在东南面的墙上，浮雕中，拉美西斯在王后的陪同下，在门的右边击杀一个了努比亚人，在左边战胜了一个亚洲人，再次突显了国王在维持埃及秩序和稳定的神圣职能。小神殿中女神与王后的身形都异常的细长，尽管主色调仍为鲜红色、黄色和黑色，但与大神殿的装饰相比，女神和皇后的雕像，以及向诸神献花的柔美姿态，无疑使小神殿呈现出一种更柔和的风格。

门入口处的国王在向阿布谢赫女神哈托尔献花（左边），王后在向伊西斯献花（右边），祭司们进入列柱厅时，可以看到大厅由两组的三根廊柱组成，顶部沿着中央走廊，有哈托尔的浮雕，女神面庞美丽，生动迷人，她手持着与她祭礼相关的权杖和叉铃。这些廊柱的其他三面都是国王、王后和众神的雕像，雕像刻画细腻而精致。

然后，祭司们看到西南或左墙的浮雕。

从左侧开始看，拉美西斯二世在由荷鲁斯（法老的守护神，王权的象征）和赛特（战争和力量之神）加冕，荷鲁斯有着猎鹰的头，赛特的头是一种未辨明的野兽。

有趣的是，赛特作为力量之神一般与战争或混乱的表达相关。但在这里，赛特被不同寻常地被描绘成保护法老并赋予他统治权力的神。

拉美西斯二世家族来自东尼罗河三角洲，在那里，赛特是主神。赛特成为主守护神的过程很曲折，他是埃及神赛特和北叙利亚天空之神的结合

图见47页:哈托尔女神
显圣为母牛从岩石中出
现,拉美西斯(左侧)
向她献花:小神庙圣堂

阿布谢赫女神哈托尔
(前)和伊西丝(后)
在给王后加冕:前厅
中间通道的右侧

体，后者是希克索斯族人带入埃及的。希克索斯是一个神秘的民族，来自东地中海。公元前 1640年至1530年统治埃及。事实上，拉美西斯的父亲塞提一世（"赛特的儿子"）就是由赛特神而命名的。

在拉美西斯加冕浮雕的右侧，奈菲尔塔利向阿努基斯女神（瀑布女神）献上哈托尔的叉铃和鲜花，阿努基斯女神起源于努比亚，是尼罗河的化身（头饰是芦苇），与库努姆神（Khnum：埃及创世神）和萨蒂斯 （水神）一起是南部阿斯旺象岛的三位主神。 再往右边，拉美西斯二世在向阿蒙-拉敬献玛阿特。场景是神殿中常看到的国王平息混乱维持秩序的祭仪。

沿着东北（右）墙，从右到左，拉美西斯二世向坐在神龛内的普塔神（ptah）献上祭品；然后是国王向赫里舍夫（Heryshef）献花的浮雕，赫里舍夫羊首人躯，是生育神，其崇拜中心在赫内斯（靠近现埃及中部的贝尼苏夫-Beni Suef）附近，拉美西斯二世在那个地区扩建了很多神的主神庙。再往左，奈菲尔塔利向丹德拉的哈托尔献祭，这面墙最左面的浮雕，是国王向拉-哈拉胡提敬献葡萄酒。

两根高大的廊柱将前厅间隔成三个入口。左廊柱上的浮雕描述的是王后向阿布谢赫女神哈托尔献花和叉铃；在右廊柱，王后向女天神穆特献花。

祭司们通过中间的门进入前厅，这里的前厅与大神殿前厅功能相同，主要用于祭祀仪式。前厅的左右两侧有两个小储藏室。 在左边储藏室上方，奈菲尔塔利向站在船上的牛首人躯的哈托尔女神献花；在右边，拉美西斯在类似的场景中献花。

前厅的其他浮雕都是国王敬奉的场景。圣堂门左侧描述的是拉美西斯向多个地方荷鲁斯神呈献不同的礼品。荷鲁斯神在古埃及各地都有所不同，浮雕中的荷鲁斯有的来自梅伊姆（Miam-努比亚城阿尼巴北部），有的来自巴吉（Baki-位于库班的堡垒，靠近达卡神庙的原始位置，也在北部），还有的来自布亨（Buhen-位于瓦迪哈尔法附近的堡垒）。他在同一个地方还给阿蒙-拉呈献贡品。在圣堂右边，国王向拉-哈拉胡提敬奉，王后向赫努姆、萨提斯和阿努基斯敬奉，库努姆、萨蒂斯和阿努基斯是象岛的三个主神。

站在圣堂面向小神殿入口，祭司们可以看到两个场景的浮雕。门左边，国王和王后向女神塔韦赖特献花，塔韦赖特是受孕女性和生育的保护神，通常是人身河马头的形象，但在这里却很意外地被描绘成头戴哈托尔头饰的女子。

门右边，祭司们看到的是古埃及有史以来最典雅的浮雕之一。奈菲尔塔利戴着努比亚假发，优雅地接受着王冠。阿布谢赫女神哈托尔（女王面前）和伊西斯（女王身后）在为女王授冠，两位女神与王后一样高贵典雅。她们都戴着蛇状饰品 （下埃及视蛇为保护神），平顶圆柱形头饰或 王冠，日盘，以及牛角。奈菲尔塔利的白王冠两侧各有一支红色的鸵鸟羽毛。

有趣的是，她们都手持象征生命的安柯（♀），通常只有神才能携带安柯。这似乎在表明，可能通过与神化的拉美西斯二世结合，在王后的有生之年，奈菲尔塔利也拥有了比一般王后更神圣的地位。但是，王后神化的过程因她的早逝而被快速缩短。古埃及的国王和王后一般在死后才被尊为神。奈菲尔塔利在拉美西斯即位三十周年的前几年不幸逝去。

小神庙里女王的壁画，以及女王独自向诸神敬奉的其他描述，意味着小神庙中的祭祀活动可能与大庙中的仪式活动有很大的不同。古埃及王后在祭祀仪式中的已知职责表明，一些王后可能比其他王后扮演了更重要的角色。尤其从新王国开始后，王后协助他们的国王丈夫治理国家，被赋予"神的妻子"头衔，然而这个头衔的职司我们至今也不是很明确。因此，小神庙的圣堂也有可能举行过最神圣的祭祀仪式。

圣堂内部的设计说明这个猜想很有可能是成立的。左墙上的壁画中，王后向穆特和哈托尔神献香。在右墙上，国王向被神化的自己和王后献香。

在圣堂的中心，哈托尔以牛身的显像，从崖壁雕出，翩翩然看起来像是从山中走出（位置有点向右偏离中心，可能是因为岩石硬度的问题）。国王在她的下颌下方，两侧都饰有哈托尔的叉铃。哈托尔雕像的左侧，是拉美西斯在献花。

那么，小神庙里的奈菲尔塔利到底是凡人身份还是神的地位？　世人争论不休。不管如何争论，最有发言权的无疑该是拉美西斯本人吧。

拉美西斯二世俯伏于拉-哈拉胡提面前，托特在圣树的叶子上记录。

第三章 埃及众神

我们知道名字的埃及古神大约有1500个，但是真正了解的数目要少很多。可以说，这些神分为不同的等级，有人神，动物神，人兽神，多种动物身体部分组成的复合神等，神的存在对古埃及社会和埃及人的生活有着深远的影响。

与宇宙和天地相关的神，从埃及社会最早的时期就被崇拜，通常被表现为人形。代表生育的敏神和神化的法老，也以人形表现。

其他神灵以动物的形式表示，如男神表现为猎鹰、公牛、公羊或狮子；女神为牛、母狮、蛇或秃鹰。其中一些表现形式可以追溯到古埃及最早的历史时代。

半人/半动物的神可能有动物的头和人的身体，反之亦然。吉萨的狮身人面像是最著名的例子，也是最古老的例子之一。通常看到头部就可以知道是什么样的神或女神。　按这样看，我们最常熟知的

狮身人面像是一个人神，因为有着人的头和狮的身，而塞赫迈特　（女战神），反之，有着狮头人身，所以是女狮神。

复合神可以由多种不同的人和动物或其特征结合组成——有时，一个复合神同时具有多个物种的特点。例如，他们可以是人和动物的不同部分组合而成，像鹰狒狒和公羊头甲虫。

埃及古神很少有单一的表现形式。　例如，托特神　（thoth-拉的使者，月亮神）可能是人，也可以是朱鹭或狒狒。阿蒙神看起来或者是人、公羊，又或者是鹅。

哈托尔可以或为人，或为牛，或有牛头的女人，还可是脸上既有人又有牛特征的女人。

神外形的多样性反映了人们对神的理解，即神或女神的形象并非必要是神的真实映像。神是"隐避的"，神是"神秘的"，神也是"未知的"。神

的显像只是神性存在的外在代表，其作用也仅仅是作为个人或祭祀膜拜的道具。

虽然一些神很善良，例如托特，荷鲁斯和伊西斯，他们因拥有治愈能力而被尊崇，但大多数神被视为恶神，本质上是与人敌对并需要安抚的。有些神，主要是女神，他们的本性很矛盾。举个例子，哈托尔是爱神，她司音乐，司庆典，但她有时也是带来毁灭的女神。

古埃及的神祇情绪经常不稳定，会不断变化，因此古埃及神的一个显著特征是非常具有人格化。

一千五百个神，如此庞大的数目听起来令人瞠目，但很多神或女神有好几个不同的名字，例如一个神有多个地方神-与特定地点或特定属性相关。在上文介绍神庙时，我们提过马哈神荷鲁斯和阿布谢赫女神哈托尔，其中马哈和阿布谢赫是地名。

而且，很多神都是司居家生活的小神灵或恶魔。这些神的绝大多数在神庙是没有地位的。只有古埃及神学核心地位的神，如古代神、伟大的神，以及那些司创造和维护宇宙秩序的神，才有权利出现在神庙的墙壁上，即使是这些核心的神祇，他们的地位和职司也因地域和时间的变化而改变着。

几个世纪过去了，主要的神经常以家庭为单位，以三神合一的形式被敬奉，例如"父神"、"母神"和"子神"（包括"女儿"）三人组。最著名的三主神要数奥西里斯、伊西斯和荷鲁斯的组合了，其崇拜中心位于阿比多斯，其他人们熟悉的三神组合还包括孟菲斯的普塔、塞赫迈特和奈费尔图姆一家，以及底比斯的阿蒙、穆特和孔苏。象岛三主神库努姆、萨蒂斯和阿努基斯对埃及南部边界和努比亚地区有着特殊的影响。

随着时间的推移，许多单独的神和女神逐渐失去了他们的意义，或被主要神吸收整合而形成复合神，如拉-哈拉胡提、阿蒙-拉和阿图姆-赫普尔（司日升日落的神）。这种复合神的创造最终带来神性的组合形成新的神性，如霍马基特-赫普尔-拉-阿图姆（Hormakhet -Khepri-Re-Atum），这些神的复合神结合了不同太阳神的属性。

大多数主神和特定地域的神在阿布辛贝大小神庙里都同时出现，只有少数神只被敬奉在其中的一个神庙中。本书中出现的神，按名字的字母表排序，将在下面进行简单的介绍。

阿蒙/阿蒙-拉 (Amun/Amun-Re)

阿蒙-拉通常被描绘成穿着短裙（有时有公牛尾）、并穿有羽毛图案的短袍，头戴双羽王冠的男人形象。他有红色或蓝色的皮肤，经常显示出跨步的姿态，或作为'神的国王'坐在王座上。

阿蒙神

公元前2100年左右的阿蒙神还是一位地方神，但在接下来的150年里，他逐渐取代了底比斯的蒙图神（有着隼头的战神）成为主神。到建造阿布辛贝神庙的时期，阿蒙已经被认为是最高的神，被称为阿蒙-拉。穆特女神是他的配偶，月亮神孔苏是他们的儿子。

阿蒙-拉的表现形式尽管多种多样，但他的神体通常被认为是不可琢磨的——"看不见的"、"隐藏的"或是"形式神秘"。

早在阿布辛贝神庙建成一个多世纪以前，卡纳克就被视为阿蒙建立世界的"始丘"所在地。通常认为是他的思想创造了整个宇宙。

大约从公元前1950年起，阿蒙-拉在卡纳克就被称为"众神之王"和上下埃及"两个国家之王"。

通过得到底比斯战神蒙图的一些特征，阿蒙也成为了一个战神。希克索人在大约公元前1550年最终被驱逐出埃及时，阿蒙正式获得了战神这一荣誉。他在战场上保护法老。拉美西斯二世在卡叠什战役的激战中，召唤的就是"胜利之王"、"力量之神"的阿蒙，胜利的战利品也是敬奉给"最神圣的地方"-卡纳克神庙和阿蒙。

从通向平台的斜坡两侧的石碑到大神庙圣堂中的神像，阿蒙-拉在阿布辛贝神庙出现40多次。一般来说，阿蒙-拉位于神庙的左侧（或南部），而拉-哈拉胡提倾向于右侧。

阿努基斯女神 (Anukis)

阿努基斯女神看起来像一个戴着低冠的女人，低冠有捆绑在一起的羽毛或芦苇装饰（王冠后部有丝带，或者正面有圣蛇）。她手持安柯，表明她神的地位，有时还可能拿着纸莎草权杖。

　　阿努基斯主要在埃及南部边界，特别是阿斯旺周围地区被崇拜。她最初被认为是拉的女儿，但后来成为库努姆神和他的配偶萨蒂斯的女儿在象岛一起被敬奉。

阿努基斯

　　阿努基斯是一位受欢迎的女神，她被认为是哺育了国王，因此有时她被特别称为"国王的母亲"。

阿图姆 (Atum)

阿图姆神代表了太阳神的夜晚形态，通常以男人的显像出现在神殿装饰中，他戴着上下埃及的双王冠。但是当他与冥界有联系时，他可能显像为公羊头人身的形象，或者显像为一个老人。

　　与其他太阳神祇一样，阿图姆古老的祭祀与赫里奥波里斯（Heliopolis）有着特殊的联系。赫里奥波里斯在今开罗附近，被称为"众神之乡"。但随着时间的推移，尽管阿图姆仍然是"赫利奥波利斯之王"，拉神逐步取代了阿图姆的主导地位。

　　阿图姆被认为是神的起初，最早的神是从他的体液（或唾液）中生成的。他是众神之父。

哈/荷鲁斯-哈 (Ha/Horus Ha)

哈是沙漠之神。他通常被描绘成男人，头上有三座山状的象形文字，表示"沙漠"或"异域"。

　　他与西部沙漠和绿洲密切相关，并为游牧民族和利比亚部落提供保护。

哈托尔 (Hathor)

哈托尔是最古老也是最重要的女神之一，她通常被描绘成一个戴着长假发的女子，头上扎一条带子或丝带，可能会戴着一顶秃鹫形的帽子，帽子上顶一

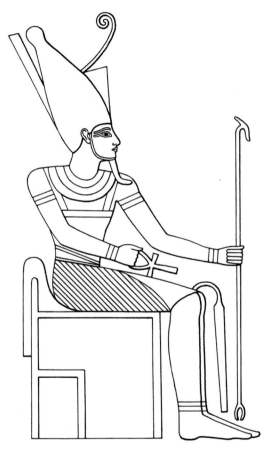

阿图姆

哈托尔和奈菲尔塔利王后

个狭窄的圆柱形王冠（modus），在向外弯曲的牛角之间戴着一个日盘。

在后来的描绘中，哈托尔，作为女神的"领袖"，与其他女神都有联系从而很难进行区别，特别当与伊西斯在一起时更难区分，比如小神庙前厅里的伊西斯和哈托尔极难辨认。在这种情况下，只有相关的文字才能让人确定描绘的是哪位女神。哈托尔经常穿着红色或绿松石色（或两色兼有）的紧身连衣裙。

与其他女神不同，哈托尔有时带着沃斯手杖，手杖顶部饰有动物头，底部呈叉形，哈托尔的头部有时用纸莎草和芦苇茎修饰，通常配有叉铃。

对哈托尔的崇拜可能可以追溯到埃及国家历史最早的时期，如果不是更久的话。她极受欢迎，古埃及人在许多日常用品上都描绘她的图像。她的职司也很多，其中包括司性和生育女神的职责。

像古埃及其他神祇一样，哈托尔与拉神关系密切，她戴着他的日盘。她是拉神的妻子或女儿，这解释了她的地位和重要性从埃及早期起就得到了迅速提升的原因。

作为"众神之金"，她陪同太阳神在太阳船上进行每日的旅行，甚至协助在位的国王与太阳的每日重生。她既有温柔高贵的品行，也是复仇的"拉神之眼"，能够在愤怒中摧毁对手。

哈托尔以牛的形态出现时也充当国王的保护神，并经常被描绘成哺乳他的形象。由于哺乳和保护国王，哈托尔被认为是国王的母亲，国王被认为是哈托尔的儿子，而国王自认是荷鲁斯的化身，所以这样的描述也是符合情理的。更重要的是，哈托尔也是国王的"妻子"，因此，在阿布辛贝，国王的伟大妻子被视为女祭司，是哈托尔女神的人类化身。

哈托尔是"最美丽的女子"，她的各种职司与女性本身密不可分。埃及人相信她能帮助妇女怀孕和分娩。

赫里舍夫 (Heryshef)

赫里舍夫神（又名为Arsaphes）通常表现为一只有超长羊角的公羊或有公羊头的男人。羊头人身时，他也像国王一样大步踏进，穿着皇家方格呢裙。由于他与奥西里斯和拉有关，赫里舍夫经常戴着复杂的阿特芙王冠（），王冠饰有鸵鸟羽毛（参照小神庙拉美西斯二世正面最右边的雕像），或者头顶日盘。

赫里舍夫是一位古神，他的崇拜中心在伊赫纳西亚（Ihnasiya-海恩斯，靠近埃及中部的贝尼苏伊夫）。他的神庙被拉美西斯二世扩建了很多。

赫里舍夫可能是一位创世的神——他名字意为"湖上的人"，可能暗示着与古埃及创世的原始水域相关，或者这可能只是表示他与海恩斯圣湖的联系。

他与奥西里斯和拉神有着最密切的联系，因为他的神识存在于这两个神的神识中，这些共同的神识给了神力量，使之可以在人与神之间移动。神识的组成部分'ba'的发音和古埃及人对公羊（ram）的发音一样。

荷鲁斯

荷鲁斯 (Horus)

在古埃及，许多不同的神名字都有"荷鲁斯"，这些神往往很难区分。然而，最著名的"荷鲁斯"是埃及君主的守护神。他最初被描绘成一只栖息中的猎鹰侧身的形象，尾部的羽毛翻转翘起以便周身可见。后来，他被经常描绘成鹰头的男人，戴着埃及双王冠(⚕)，象征着他对整个国家的权力。

斗转星移，荷鲁斯的形像与其他神及其特征逐步融合，使得辨认更加困难。

有合理的证据表明，对荷鲁斯主要形式的崇拜早于埃及国家的形成时间，与荷鲁斯有关的神庙在埃及早期在整个国家都可以发现，区域从三角洲一直延伸到遥远的南方。例如在埃及南部，在埃德夫和柯欧普神庙　（后被称为托勒密）的神庙里，哈托尔是他的配偶，哈索姆图斯（"统一者荷鲁斯"）是他的儿子。

在努比亚境内，有许多神庙专门供奉本地神-库班的巴吉神荷鲁斯、布亨神荷鲁斯、阿尼巴的米安神荷鲁斯，当然还有阿布辛贝尔的马哈神荷鲁斯。

荷鲁斯神在古埃及很受欢迎，常被描绘在护身符上，或是在借用他的力量以治愈的牌匾上。

埃及语　hir是神的名字起源，意思是"在高处的那个"或"远处的那个"，指的是猎鹰在高空中翱翔。作为天空之神，荷鲁斯是"天空之王"——他的右眼是太阳，左眼是月亮。他那参差斑驳的胸膛里有星星，天空躺在他的两翼之间，翅膀的拍打产生了风。荷鲁斯也被奉为"东方之神"，东方是日出的方向。

荷鲁斯成了奥西里斯和伊西斯的儿子，可能与这个"家族"中的另一个古神相结合，后成为一个圣婴。

作为伊西斯和奥西里斯的儿子，荷鲁斯本身还有更广范的神的职司，因此与国王有着密切联系。事实上，由于他的父母关系，他是埃及王位的神话继承人——"两个国家的主人"。从很早的时候起，法老的荷鲁斯名字就写在一个长方形的形状上（被称为赛利克serekh），荷鲁斯被描绘成一只停在宫殿围墙上的猎鹰。这似乎在明确国王作为人与神之间的调解人角色，或表明国王本身也是神。

伊西斯 (Isis)

伊西斯女神的起源地不明确，但她的出现使古埃及的所有其他神和女神都黯然失色。

伊西斯（Iset，埃及语）通常被描绘成一个穿着长袍，头戴"王冠"象形文字的女人 （𓋩）， 王冠代表她的名字。另外，她的头部有时饰有她从哈托尔处承继的牛角和日盘。她也可能拿着象征哈托尔女神的乐器-叉铃和美那特项链，美那特项链由小珠子串成，与其说是项链更是一个神秘的乐器。但有时伊西斯女神会装扮得朴素简洁，她可能只携带象征王权的安柯和纸莎草，就像其他女神一样。她通常以站姿出现，但也有俯伏姿态，或一只手覆于面部象征哀悼的形态。

伊西斯

她有时手臂伸展，环抱住奥西里斯，有时她是有翅膀的。

在大部分埃及历史里，埃及人对伊西斯很少进行单独地敬奉，通常都是与其他神合在一起，尤其常与奥西里斯和荷鲁斯联合被敬奉。伊西斯作为唯一神受到敬奉似乎只出现在埃及历史近期，例如在菲莱，而且可以很明显地看到，被单独敬奉的她吸收了许多其他女神的特征。

然而，她的影响对希腊罗马世界深刻且广阔，远达像雅典、罗马以及更远的地区，值得一提的是对伊西斯的崇拜在地中海及其他地区可以和当地的主宗教相抗衡。

可以说，对伊西斯的崇拜是普遍性的，个人性的，而且非常强烈和持久。在菲莱对伊西斯的崇拜一直持续到公元六世纪，那时罗马世界的其他地方很早以前就被基督徒占领了。

伊西斯和奥西里斯是大地之神天盖布（Geb）和天空之神努特（Nut）的孩子。

伊西斯嫁给了奥西里斯，并协助他统治埃及。奥西里斯不幸地被他的兄弟赛特由于嫉妒而被谋杀并肢解，伊西斯在她的妹妹奈芙蒂斯的帮助下，找到了丈夫肢离破碎的身体，重新组合了他们。后来伊西斯生下了他们的遗腹子荷鲁斯。

荷鲁斯安然的俯在伊西斯膝上，伊西斯温柔呵护他的类似场景在古埃及非常受欢迎，同样，伊西斯在各种危险威胁下，在必要时神奇地治愈儿子的事迹，和她对儿子那坚定不移的照料和保护的精神在古埃及几乎家喻户晓。我们知道，伊西斯保护并养育了她的儿子，一直到他为父亲报仇并继承了埃及的王位。这确实是个温暖感人的故事。

正因如此，伊西斯成为了法老们象征性的母亲，法老是荷鲁斯的再世，从而也成为她象征性的儿子。此外，伊西斯的名字在象形文字表示"王位"或"座位"，因此她还代表了王权。

她唤醒了死去的奥西里斯，这战胜死神的神奇能力是她人格的一个重要方面，她的名字常常被用来表示保护和治疗，对孩子来说尤其是这样。她的魔法般的神力和丰富的知识是所有神中首屈一指的。

由于她在奥西里斯被谋杀后的一系列努力，伊西斯和她的妹妹奈芙蒂斯同样，被认为是哀悼者、维护者和死者的保护者，像虔诚的母亲一样，她们以亲人间亲密的方式照顾最近死去的人。

阿乌萨斯 (Iusaas)

阿乌萨斯意为"伟大的女神"，通常以一个头上长着圣甲虫的女人的形像出现。

她主要在赫利奥波利斯被崇拜，很少出现在其他地方，而且她被认为是阿图姆神的女性化身，但能力更为广泛，例如女性创造的能力。

卡穆特夫 (Kamutef)

卡穆特夫是一位生育神，是敏神在底比斯的一个地方神，敏神的崇拜中心位于北方35公里的科普托斯。他的名字意思是"神母的公牛"，意思是他是自己的父亲，这个绰号也被用来称呼敏。这意味着他代表了一个无休止的循环再生和更新。

随着时间的推移，卡穆特夫似乎不是作为神，而是一个概念而存在。他被合并为阿蒙·卡穆特夫（强调阿蒙神的生育力），或者在阿布辛贝被合并为敏-阿蒙-卡穆特夫。

凯普里 (Khepri)

凯普里是早晨的太阳神，有旭日之意，通常被描绘成具有不同风格的甲虫形像(谷)。圣甲虫的凯普里神通常由染料或天青石绘成蓝色。蓝色代表了他与天空的联系，尽管他在纸莎草的文本中以更现实的黑色出现。有时可以看到他在推一个日盘。

圣甲虫有时会与其他动物结合，如猎鹰或秃鹰，成为复合神。

凯普里也被描绘成圣甲虫头颅人身的形象。在王后谷的奈菲尔塔利王后墓中，他就是这样被描绘的。

他有时戴着奥里西斯的阿特芙王冠来象征天堂和冥世的结合。他也显像成公羊头圣甲虫身的样子，成为阿图姆-凯普里，一个代表日升和日落的太阳神。

凯普里是蜣螂的头神。卡纳克神庙圣湖旁的圣甲虫神雕像巨大，圣甲虫护身符和封印也无处不在，

库努姆

这说明了圣甲虫作为创造和复活象征的重要性，但似乎很少有人单独崇拜凯普里神。

凯普里神负责太阳日盘从东方升起，是太阳三神

之一。'凯普里代表早晨的太阳神，拉-哈拉胡提是日间的神，阿图姆是夜晚的太阳神。"他是创世之时的第一个日出之神，因此与阿图姆联系紧密，并在一起成为阿图姆-凯普里。

我们很容易理解凯普里神以圣甲虫为象征：甲虫（或螳螂）用后腿滚动泥球或粪球推动的行为与圣甲虫幼崽从沼泽里出现的行为很相似，而且埃及人相信太阳是被太阳神每日用前腿推着太阳圆盘升起又落下。

库努姆神 (Khnum)

库努姆是尼罗河水神，与生命的创造有关。他通常被描绘成公羊头、着短裙并戴有长长的三股假发的男人。埃及历史早期，羊角是水平起伏的绵羊角，但后来出现了短而弯曲的公羊角，之后两种羊角都有出现。他有时头戴上埃及的白色王冠，阿特芙王冠，王冠两侧饰有长长的红色鸵鸟羽毛。

库努姆神的崇拜中心主要在阿斯旺附近的象岛。据说他控制着尼罗河每年从河底洞穴流出的河水。在象岛，库努姆是三联神的主神，另外两个神是女神萨蒂斯和阿努基斯。

库努姆代表河流再生的能力，这种能力是他成为埃及古神最有代表性的神之一，据说他在制陶辘轳上创造了人。

他也是"鳄鱼之王"，智慧和战争女神奈特（Neith）是他的配偶。奈特是埃及古

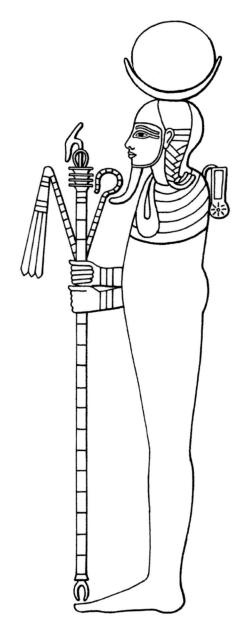

孔苏

神，有着崇高的地位，作为"创造者"女神在下埃
及尤受尊崇。首席鳄鱼神索贝克是她的儿子。

孔苏 (Khonsu)

孔苏是月亮神，他的性格在历史中变化很大。

他通常以一个身着紧身长袍的年轻男性形式出现。
然而，他的手臂通常有时只可以部分活动。他头上
经常头顶新月和满月盘。孔苏是阿蒙和穆特的"儿
子"，他有时在脸侧飘一缕发辫，这是古埃及青少
年的特征，尽管他可能同时还戴着弯曲的胡须象征
尊贵的地位。

他可能饰有与奥西里斯和荷鲁斯有关的拐杖和
连枷，同时携带沃斯权杖 (ǐ) 和顶部有阙形装饰的
手杖（djed- headed）(▓)，象征稳定。中国伏羲氏
的图腾符号"厥"无论读音还是造型与埃及的djed
都很相似。

孔苏的特点是胸前背后都戴着一条沉重的项
链，胸前的呈新月形。他有时显圣为猎鹰头人身的
形象，但他头上的满月盘和新月使他很容易区别
于荷鲁斯和拉。作为月亮神，他有时也被描绘成狒
狒。

很多供奉孔苏的神庙建在埃及，其中最重要的
一座建在拉美西斯二世统治后，位于卡纳克的阿蒙
地区。

孔苏作为底比斯"家族"的一员，作为阿蒙和
穆特的儿子，又被称为"底比斯神孔苏"，他可以
显圣为治疗师，或被称为"神之子孔苏"或"治愈
者孔苏"。通过参与时间管理，特别是孕期统筹，
他还被称为"生命及其跨度的决策者孔苏"。

后来，在离底比斯不远的康翁波神庙（Kom Ombo
temple），孔苏被视为鳄神索贝克和哈托尔的儿
子。在伊德夫（Edfu），人们认为他与奥西里斯有
关联。 他还与风神舒（Shu）和荷鲁斯相关。

玛阿特

玛阿特 (Maat)

玛阿特女神（又译玛特）代表了宇宙中的真理、正义和秩序。

几乎无一例外，玛阿特总是头戴着鸵羽，以人的形式出现。然而，羽毛本身也可能代表女神。她的手臂有时有翼。

在卡纳克门图神庙的旁边建有一座玛阿特的小神庙，但除此之外，很少有单独敬奉玛阿特的神庙，她往往出现在其他神的寺庙中。

玛阿特常以小雕像的形式被献给其他神，她常被献给阿蒙神、拉神、普塔神，还包括玛阿特自己的配偶透特神。献玛阿特是国王在神庙中祭祀仪式的核心部分。通过敬献玛阿特，国王表明作为诸神的代表，他在竭力地维护着秩序和公义。

玛阿特是"拉神的女儿"，早在埃及国家形成早期就与"玛阿特之王"奥西里斯有关联。这或许就是在埃及历史后期伊西斯吸收了玛阿特特征的原因。

玛阿特是拉的女儿，也被认为是国王的"妹妹"，国王统治的合法性和统治能力取决于他对秩序维护的玛阿特的崇拜。

玛阿特负责宇宙中在创世时就建立的秩序和平衡（她与拉神的关系始于创世）。然而，这种秩序要必须不断地维持和更新，这也是国王的责任。维护社会的秩序与平衡，也就意味着玛阿特与正义息息相关。

所以古埃及人都要遵循玛阿特守护的纪律，人死后，死者的心将被放在天平上与玛阿特的羽毛比重，比重的结果决定死者是否该接受审判的命运。

梅里穆特夫 (Merymutef)

我们对梅里穆特夫的了解与阿布辛贝的其他神相比，不很明确。梅里穆特夫意为"神母的挚爱"，被称为"哈耶特之王"（曼卡巴德，位于尼罗河西岸，距阿苏特以北12公里处），对他的崇拜大都集中在这里。

梅里穆特夫的显圣是一个手持沃斯权杖和安柯，有着公羊头的年轻男神，他同时拥有绵羊的水平角和公羊的弯角。他既有完全人类的形象，也有鹰头人身的描绘。

在阿布辛贝，梅里穆特夫有时与背景同样不确定的女神伊普特（Ipt）在一起，伊普特是"天空女神，两个国家的王后"——她可能是哈托尔的地方神。她有母狮头，头顶日盘，手里拿着一根纸莎草花杖和安柯。

梅里穆特夫与努特女神（天空女神）有关，有人认为梅里穆特夫，和他"哥哥"霍维尔（"荷鲁斯兄长"）都是纳特和盖布的儿子，至少在哈耶特的古埃及人都这样认为。

随着历史的进程，梅里穆特夫神和他的名字开始

敏神

出现在其他地方，例如卡纳克神庙，西奈西南部的
一个绿松石矿，还有在拉美西斯的父亲塞提一世的
阿比多斯神庙里，他开始与哈托尔直接相关。

敏神 (Min)
作为男性性力量之神，敏神有着漫长而辉煌的事

蒙图

业。他通常以一个阴茎勃起的男性形象出现。他的衣服紧贴在身体上，左手握着他的生殖器，右手以一种保护或击打姿态举起。

他戴着一顶帽子或王冠，上面系着丝带并装饰有两根高高的羽毛。他也可能带着连枷和项圈。他的皮肤颜色一直是黑色，也许象征埃及肥沃的土地。

他经常和莴苣一起出现在敬奉场景中，因为莴苣被认为有春药的效力。敏神是格布图的主神（或古夫特，现代奇夫特地区，介于卢克索和基纳之间），他在埃及各地都广泛受到崇拜。他的主要节日"敏神日"与丰收同时。

当阿布辛贝神庙被建造时，敏神与底比斯的阿蒙关系最为密切，并成为阿蒙作为原始创造神的一个显圣。作为阿蒙-敏，他代表国王的能力和权力，成为法老加冕和禧年庆典的重要组成部分。

蒙图神 (Montu)

战神蒙图主要在底比斯周边地区受到崇拜。他通常被描绘成一个有鹰头的人，在早期的描述中可以看到他作为猎鹰出现。

有时，就像在战斗中常看到的那样，他会佩戴埃及法老的钩镰刀，又名为克赫帕什（khepesh⌇）。这个形象与他身为战神的职司一致。他在画像中时常头顶日盘和圣蛇乌赖乌斯，并装饰有长翎（长翎有助于区分他与拉神和其他鹰神）。

他的配偶是太阳女神拉艾特-塔维（Raettawy）和一位名不见经传的地方女神（Tjennyet），一位酿造啤酒的女神，在底比斯以南20公里的阿尔芒镇，她只以蒙图神配偶的身份为人所知。

蒙图神的四个主要崇拜中心都在底比斯周围，包括卡纳克，在那里他有自己的神庙，位于阿蒙大神庙的北面。

基本上来说，他身为主神的家乡底比斯财富增长越高，蒙图神的影响力就越深远。第十一王朝时期（约公元前 2080-1940年），四位底比斯统治者取名为蒙图霍特普（montuhotep），以蒙图神命名，显而易见蒙图神逐渐在整个埃及占据了重要的地位。

蒙图有时也被描绘成南方的拉神，与拉神结合成蒙图-拉，但是他的重要性随着埃及人对阿蒙神崇拜的扩大而开始降低。尽管如此，他对好战的法老们来说一直备受推崇。

穆特 (Mut)

穆特起初是一个头为母狮的女神，后来，穆特通常成为身着红色或蓝色长裙的女子，有时裙上有羽毛样的图案。

她可能戴着秃鹫头饰，顶上是上埃及的白色王冠，或是上下埃及的双王冠，她是唯一一位头戴双王冠的女神。她可能坐在王座上，也可能优雅地站着，手拿着纸莎草或百合花头的手杖。狮头人身时，她与卡纳克神庙的女神塞赫迈特关联密切。

穆特是阿蒙的妻子，孔苏的母亲，她经常被描

女神穆特（中间）温柔地拥抱拉美西斯二世：后柱厅左侧第二廊柱的东面（前面）。

绘成呵护照顾孔苏。她取代了另一位比她早的女神阿蒙内特，成为了阿蒙的配偶。一般来说，阿蒙、穆特和孔苏三位神灵的"家庭"似乎比其他许多三联神都更像"家"。由此，穆特以成熟的母亲形象成为无可争议的神的女王。众所周知，她有一个神谕，信徒们可以像孩子找母亲一样，带着最棘手的问题咨询她。

尽管穆特在赫利奥波利斯、吉萨和三角洲的塔

奥西里斯

妮斯都有圣堂，对她的崇拜可能始于上埃及。她几乎出现在卡纳克阿蒙神庙的每一面墙垣，同时在神庙的南面仍有专门为她而建的神庙，神庙的大部分是由阿蒙霍特普三世建造的。神庙包括许多塞赫迈特（Sekhmet）的雕像，塞赫迈特是北方的母狮女神。在许多与阿蒙有关的大型节日游行中，穆特拥有她自己的圣船：她的重要性由此可见一斑。

不出所料，穆特与埃及女王关联密切，女王戴的秃鹫头饰就是她们关系的象征。

当她为母狮时，她与塞赫迈特和泰芙努特一样，也是"拉神之眼"，她与在孟菲斯的普塔神也有关联。

奥西里斯 (Osiris)

奥西里斯是埃及万神殿中最重要的人物之一，他是死亡、复活和生育之神。

他通常被描绘成人的形象，与敏神和普塔神一样，他的衣袍很贴身。他的皮肤可能是黑色或绿色，这两种颜色都与生育有关：象征被尼罗河洪水浇灌的肥沃黑土地，和土地上生长的新生命（绿色嫩芽）。

他或以坐姿或以站姿，两腿在衣袍里，但他的手臂是自由的，他手中有国王的手杖和连枷。在整个埃及历史中，他始终经常戴着上埃及的白色王冠，在后来有时戴类似阿特芙王冠（🪶）的更复杂的王冠，其两侧会带有附加的侧羽，有时还有日盘和水平的羊角。他也可能以颈圈和手镯装饰。

厥（djed 𓊽），据说是奥西里斯的后脊椎骨，厥象征"稳定"—厥上一个个分割的柱点，可能代表困住奥西里斯的身体的树，或他的脊柱。

大多时候，奥西里斯坐在王座上，伊西斯和她的妹妹奈芙蒂斯（偶尔还有哈托尔）陪在他身旁。

对奥西里斯的崇拜可以追溯到公元前2300-2200年，一直持续到异教结束时期。

对伊西斯崇拜的普遍性，可能使他作为伊西斯的配偶成为整个希腊罗马世界最重要的神之一。奥西里斯在整个埃及都受到极大的尊敬，尤其在他被他的兄弟也是对手赛特谋杀碎尸后，许多城镇都声称是他身体的家园。阿比多斯是与他有关的最古老的地方之一，那里有一座拉美西斯二世的父亲塞提一世为奥西里斯建造的象征性陵墓（奥西里陵），以及一座更古老的约公元前2800年左右建造的德杰国王墓，德杰国王墓在公元前2000年前被认为是奥西里斯的真实陵寝，因而成为了一个著名的朝圣地。

当奥西里斯成为重要的神后，他就和他的兄弟姐妹例如伊西斯、奈芙蒂斯和赛特，并包括他的"儿子"荷鲁斯一起归为同类神。有趣的是，奥西里斯在成为一系列神话故事主角的同时，也为埃及王位的继承树立了榜样：奥西里斯把王位传给了他的遗腹子荷鲁斯。因此国王去世后，王位顺位由他的儿子继承。同时，这些故事使人们更加相信人死后进入后世，并且灵魂不朽。

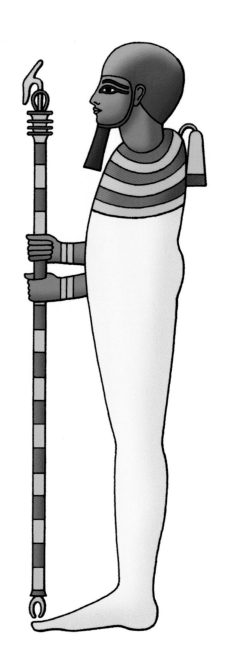

普塔

奥西里斯与拉神之间的关系比较复杂。当阿布辛贝的神庙建成时，奥西里斯已被称为"宇宙之王"或"众神之王"，一个与太阳神拉同等重要的神。

他有时被认为是拉神在冥界的分神，有时被认为是拉神的显圣，代表着一个更伟大的神。然而，这两个神从未真正的结合，他们一直是分别存在的神。

普塔 (Ptah)

塔是另一位古老的神，可能比奥西里斯年代更久。普塔神很容易识别。

他的身体外裹着紧身的衣袍，两脚并拢站立，只有手臂在衣袍外并向外伸展。他拿着一根沃斯权杖，权杖在底部呈叉状，顶部是安柯和厥的象征符号。他的头部往往紧紧缠绕着布巾。与奥西里斯在一起时，他头顶也和奥西里斯一样，有一个日盘，头两侧各饰有一根羽毛。与其他神的弯曲胡须不同，普塔神留着独特的直胡须。在他的背部，宽宽的项圈上饰有大束的流苏，这是他外形的另一个独特之处。

普塔神可能站在一个基座上，这个基座外形类似于建筑时使用的测量杆，也类似玛阿特的象形文字之一：真理。他也可能站在一个阶梯式的物体上，让人联想到创世时的原丘。或者他也可以出现在开放的神龛里。

普塔神最初是孟菲斯的地方神，他一直与孟菲斯联系紧密，他的大神庙就建在这里，正如我们从大神庙的铭文中所看到的，拉美西斯二世将神庙装饰得豪华绚丽。

对普塔神的崇拜不仅局限于孟菲斯，而是遍布全埃及。卡纳克阿蒙大神庙内，例如，就有一个圣堂是献给普塔神的，而且他在拉美西斯二世在努比亚地区建的其他神庙里也常有出现。拉美西斯二世的儿子和继承人名叫梅伦普塔，他父亲塞提一世的绰号是"普塔的挚爱"，也和普塔神相关。

普塔神是米非特神"家族"的一员，他的配偶是母狮神塞赫迈特，尼弗特姆是他的儿子。尼弗特姆

拉美西斯

是莲花神，神创世的众多版本中的一个神话版本认为，莲花神是最早从原始水丘出现的神。

孟菲斯在埃及统一后成为都城，这也使孟菲斯的主神普塔神在全埃及的地位都举足轻重。事实上，"埃及"这个词很可能是来自希腊语，而"ka"是从孟菲斯的"普塔的灵魂之殿"（Hut-ka-Ptah）间接衍生而来的。

普塔被称为"古老之神"，是原始神努恩（Nun）和他的分神纳乌奈特（Naunet 代表原始水域）的结合。普塔神的创造性被视为所有事物产生的原因。他以一种非常复杂的方式，通过思想和命令创造了世界。

普塔神吸收了孟菲斯地区的很多神的属性，所以他偶尔也扮演冥神的角色，但他更普遍地被认为是一个聆听信徒请愿的神，是"倾听的耳朵"。普塔的神龛通常建在其他神的神庙附近，以便他将祈祷传递给其他众神。

拉美西斯二世 (Rameses II)

拉美西斯二世与其他法老不同，他似乎有生之年就被宣布为全神，而不是仅具有神属性的人，神化的拉美西斯在好几个努比亚的神庙中受到供奉。在神化自我这一方面，拉美西斯很可能在效仿努比亚法老阿蒙霍特普三世。

在阿布辛贝，不少浮雕中神化的拉美西斯是后加上的，这表明他的神化发生在他登基后。

拉-哈拉胡提

拉/拉-哈拉胡提 (Re/Re-Horakhty)

在这一章中，太阳神拉的名字经常出现且必不可缺，他或是与其他神结合，或是作为众神的"父亲"。拉-哈拉胡提是正午的太阳神，阿布辛贝的大神庙就是敬奉他的。

拉神可以表现为多种形象，他主要的显圣包括晨日神凯普里（圣甲虫），午日神哈拉胡提，暮日神阿顿，和夜间的冥神老公羊。他也可能是日盘本身，环绕在日盘上的圣蛇保护着他，日盘的两侧常有翅膀，使他在天空中飞行。

拉神白天乘坐他专属的太阳圣船"曼杰特"航行（Mandjet：万年之船），有时他的女儿、玛阿特或其他神会陪伴在其身边；晚上，拉神以人身公羊头的冥神形象乘坐"麦塞克泰特"（mesketet）进入地府，然后在黎明时再次以"拉-凯普里"（re-khepri）的身份重生。

他的配偶是哈托尔和拉艾特（Raet），又称做拉艾特塔维（RaetTawy），但拉神在寺庙和坟墓里出现时常常独自被敬奉。

他的装饰有日盘、秃鹫或黄带，尤其当这些配饰在坟墓中出现时，可能意指他每日穿梭于人间和冥世的旅程。大神庙天花板上的雕画和过梁上的日盘象征拉神每日夜这样周而复始的航行路线。

拉神与许多古建筑设计和造型都有关，例如金字塔和方尖碑。国王们在这些建筑未建造时，就已经被称为"拉神之子"。太阳神实际上是埃及作为国家的高级国神，与王权和王位密切相关。

拉神的主要崇拜中心在赫利奥波利斯，但他在埃及各地的大小建筑（包括其他神的神庙）中都受到广泛地崇拜。公元前14世纪，拉神的一个特殊显圣，拉-哈拉胡提即阿吞，成为了一位主神。在奥克亨那坦在位期间（公元前1377-1337年），阿吞在某种程度上几乎成为唯一的神，但很快太阳神的传统神拉神将其取而代之。随之而来的便是古埃及多宗教并存的开始。

在基督教流行早期的古埃及，祷告经文偶尔会提到耶稣基督、圣灵和拉神。

拉神是一个普世神，可与众多神结合，也可以在天堂、人间，和冥世间旅行。

他是创世的主神，在世界初始时就在原始水域中出现，在传说中，他的眼泪（remut）创造了人（remetj）。

创造人类后，他直接改变了人类生存的地球，他创造了光和热，并使作物生长。每天晚上，他都会穿过冥世返回人间得以重生，在其他神的帮助下，他在冥世打败了邪恶的敌人，混沌神巨蛇阿波菲斯。

拉神在创造了万物的同时建立了王权，他在人间为王直到年迈归天，成为神。他的国王继承者们在逝去成神后，每日夜陪伴着他，做着穿梭于人间和冥世的旅行。

萨蒂斯 (Satis)

萨蒂斯女神与尼罗河及其洪水紧密相关，保护着埃

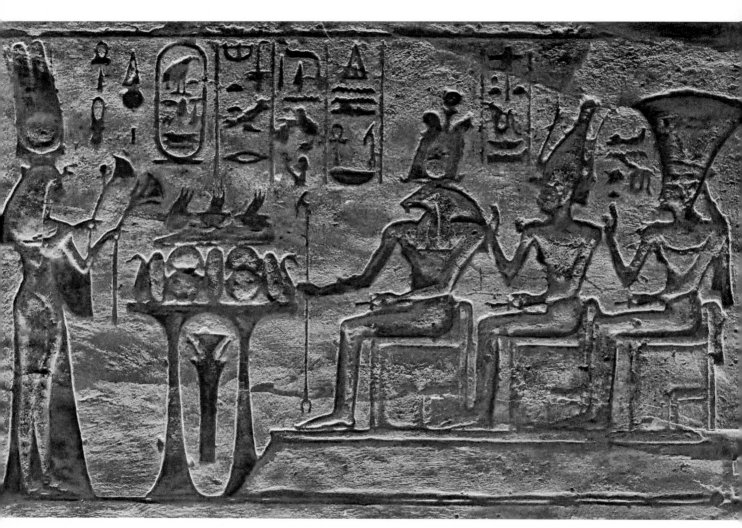

奈菲尔塔利向象岛三联神库努姆、萨提斯和阿努基斯献花：小神庙圣堂门左侧墙壁右上方。

塞赫迈特

及南部边境。她头戴上埃及白冠，冠旁饰有羚羊角或羽毛，冠前有圣蛇乌赖乌斯修饰。她身着紧身长裙，可能携带安柯或权杖。

萨蒂斯与阿斯旺的象岛有着密切的联系，她在象岛神庙的位置与天狼星位置紧密对应。每年天狼星升起时尼罗河洪水泛滥。根据埃及某些传统说法，洪水始于象岛附近。

萨蒂斯是"象岛的女神"，库努姆的配偶，也是阿努基斯的母亲，她早期与战神蒙图也有些关联。当库努姆被认为是拉神的化形时，萨蒂斯就会成为"拉神之眼"，并有哈托尔的一些特征。

塞赫迈特 (Sekhmet)

塞赫迈特是古埃及最有魅力的女神之一，凶猛，神秘，不可捉摸，却又充满保护欲。她是母狮神。

她最常出现的形象是人身母狮头。她戴着长假发，头顶日盘，着红色长裙，红色象征下埃及（下埃及王冠为红色），或者只是象征着她好战嗜血的一面。她可能在每个乳头上都戴有一个玫瑰花结，这使人联想起狮子星座中的"肩星"。塞赫迈特有时以动物母狮出现，但不常见。

很多塞赫迈特的雕像在卡纳克阿蒙神庙区以南的穆特神庙（Mut）里发现，其中一些是贝尔佐尼（Belzoni）首次发现的。但实际上所有塞赫迈特的雕像都是从河对岸阿蒙霍特普三世的纪念神庙里移走的，在那里仍有更多的雕像等待我们发

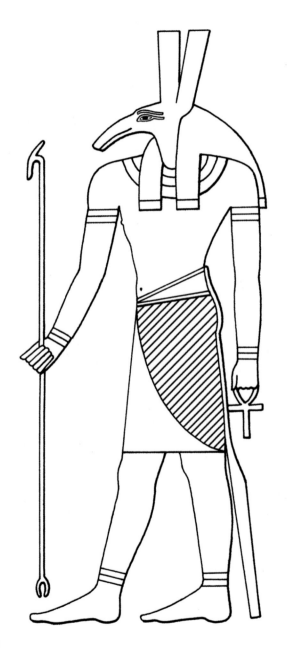

赛特

掘。雕像中的塞赫迈特或以坐姿或以站姿，手里拿着与下埃及相关的纸莎草权杖。

她的主要崇拜中心在孟菲斯，但在其他许多地方她也被崇拜，有时被单独敬奉，有时与其他女神结合被敬奉。她有时会和穆特结合，头戴上下埃及的双王冠。

塞赫迈特是普塔神的配偶，奈费尔图姆（创世时的莲花神，香水神）的母亲，与哈托尔有着密切的关联。她还与中埃及的母狮神帕赫特以及猫女神巴斯特相关。

塞赫迈特的名字意为"女强人"，指出了她性格中具有毁灭性的一个特点。她是拉神的女儿，太阳神的眼睛。在神话中，拉神在人间为王时，人类在他年老后开始反抗，他便派塞赫迈特去惩罚人类，塞赫迈特的无度屠杀几乎灭绝了人类。

她习惯对敌人喷火，因而古埃及法老们视她为军事先进的象征。吐火的塞赫迈特还成为了"努比亚人的圣骑士"。

人们相信，沙漠的热风是女神的呼吸，时而席卷大地的瘟疫，是"塞赫迈特的愤怒"。

塞赫迈特可以是凶残的女神，也是慈母般的保护者。她有能力抵御疾病，治愈病者，是"生命的女神"。

赛特 (Seth)

赛特在众神中毁誉参半，尤其他代表了混乱的力量，还谋杀了奥西里斯。

他最初被描绘成一个野兽，嘴长而弯曲，耳朵很高是长方形，尾巴向上竖立着。野兽可能坐着、站着或是蹲着。很久以后，赛特开始以人的形式出现，有野兽的头颅人的身体，时而戴着上埃及的白冠时而戴着双王冠。他也与荷鲁斯结合，象征上下埃及的统一。

赛特可以由信仰里任何极具攻击性或危险性的动物来代表，例如，羚羊、驴、猪、河马、鳄鱼和某些凶残的鱼类。但是在法老统治末期，塞特神所有可见的形象都消失了，只有名字被偶尔间接地提到，可能这样就可以使他没有机会再去伤害他人。

赛特神在全国各地都有崇拜中心，但常被视为上埃及的守护神，地位与下埃及的荷鲁斯相对应。他最早的祭祀中心可能在奥姆伯斯（Ombos）（古代努布特，今内伽达地区），位于瓦迪哈马马特的沙漠之路入口处。这种说法是可以理解的，因为赛特的起源就是一个沙漠神，与有序和文明的尼罗河流域相比，沙漠被认为是混乱的环境，所以赛特代表着混乱。

赛特在公元前1650-1535年希克索斯人统治埃及北部时被认为是迦南人的风暴之神巴力，因而成为主要的神，在三角洲地区和拉美西斯家族中他的重要性更是得到了显著的提高，例如赛提一世的名字就意为"赛特的儿子"。赛特神庙所在的阿瓦利斯是希克索斯的首都，在拉美西斯二世统治下得到了全面的发展，并更名为皮-拉美西斯。

赛特神代表暴力、混乱和动乱，是"红色的恶神"和邪恶的化身。他反对玛阿特的和谐，代表着叛逆。他去冥世游荡去抓亡魂，他是死亡、疾病、动乱和入侵的幕后黑手。引发了暴风雨、恶天气和海啸的恶神也是他。

然而塞特同时也是力量、计谋和保护的神。他的权杖重达两千公斤，他是金属之王。例如铁在古埃及被认为是最硬的金属，铁的意思是"赛特的骨头"。因此，许多国王乐于将自己的力量比作赛特，例如拉美西斯二世，在卡叠什战役中被描述为像赛特一样战斗。

赛特之力，加上荷鲁斯之力，使上下埃及两个国家统一。正是赛特的力量和计谋在冥世击败了阿波菲斯，使拉神再次崛起。

在日常生活中赛特神也会受到召唤，阻止赫梯新娘进入埃及的风暴变弱就是拉美西斯向赛特祈祷的结果。

塞萨特 (Seshat)

塞萨特是书写女神，也是神庙图书馆和其他图书馆的保护神。她以女性的形象出现，常在长袍外披上大祭司的豹皮。她头上绕着一个发带，发带在脑后打结，头戴一个高高的头冠，形状像一个七角星或一支玫瑰　（有译为七角星冠）。其象征意义不明。她头冠上方可能会有弓或新月形图案，有时顶部会有两只猎鹰的羽毛。

她通常手持一根棕榈树干，上面刻有她对过去的记录。记录上面会以象形文字shen（Ω）结束，shen在象形文字中代表永恒。塞萨特在国王神庙的奠基仪式上有时会站在国王的身边。奠基仪式上的她，手拿木槌和木桩，并拉紧手持的测量线来标记建筑物。

塞萨特在埃及历史上很早就出现了，尤其主要出现在与神庙建筑相关的"标记建筑物"的仪式中，但是她似乎从未拥有过自己的神庙。她被称为"建筑师的女神"。

塞萨特与所有形式的计数统计有关，无论是计数动物，外国俘虏，还是埃及人口。 是塞萨特将国王的统治业绩和他的禧年，记录在了神圣的"舍德"树叶上。

她经常与托特神 （拉的使者，月亮神）联系在一起，但关系很复杂，她即是托特神的配偶，也是他的妹妹或女儿。

塔韦赖特 (Taweret)

塔韦赖特名字的意思是"伟大的女神"，是在埃及国家早期就出现的神。她是怀孕和分娩的保护女神。

塔韦赖特通常表现为一个孕晚期的河马形象，她两腿分开站立，乳部下垂。她戴着假发，羽饰，日盘，还有牛角或是低顶的圆柱形莫迪乌斯（"modius"）王冠。她张着嘴，嘴唇向两侧拉长，

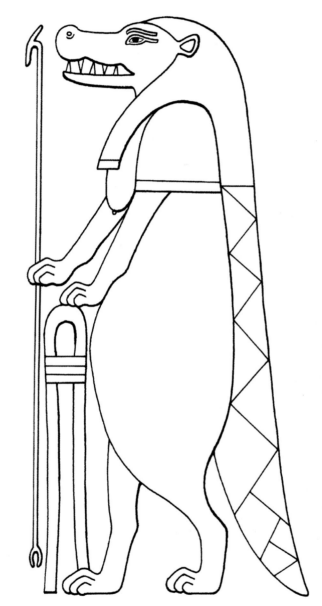

塔韦赖特

露出牙齿，这个姿态可能是一种保护的象征。

　　她还带有表示保护的sa标志(⸙ ——一个圈象征太阳从地平线上升起)和安柯。她可能携带火把驱散黑暗和恶魔。

　　她有时被描绘成河马身但是有猫头或女子的头，或者像在小神庙里那样，她有时以人的形式出现。

　　她与伊西斯或哈托尔关系密切，有时会戴这两位女神的头饰。塔维特被认为是赛特神的配偶，因为他有时也被描绘成河马，但她也被认为是贝斯的配偶，贝斯是一个复杂的神，以保护孩子，孕妇和产妇而闻名。

　　塔维特作为女性保护神自然而然地成为全埃及社会，乃至整个地中海都倍受欢迎的女神。

泰芙努特 (Tefnut)

我们对泰芙努特所知寥寥，对她的了解仅限于知道她是阿图姆的女儿，风神舒的妹妹和妻子。她最常被描绘成一头母狮或人身狮头的女子，她也可能以人的形式出现。她有时戴一顶长假发，头顶日盘，并有眼镜蛇头的乌赖乌斯修饰。

　　她的主要崇拜中心在三角洲的赫利奥波利斯（Heliopolis）和利奥托波利斯（Leontopolis），也就是现代泰尔–穆克达姆（Tell al-Muqdam）附近，在那里她和舒以一对狮子的形式一起被崇拜。

　　她是湿气女神，但可能也有其他更多的角色，

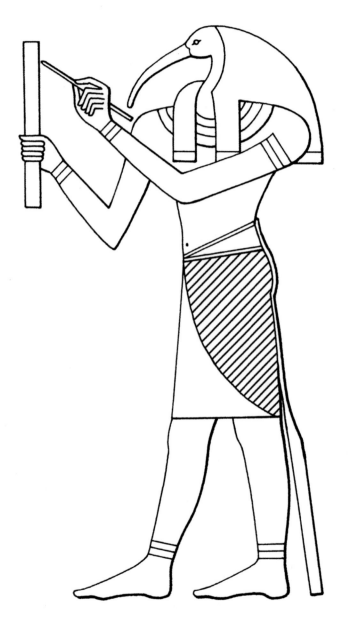

托特

例如，舒是代表空中的风，泰芙努特很可能与之对应，代表地表的空气。

在神话中她常和太阳神有争端，但在母狮形态时，泰芙努特是"拉神之眼"。

托特 (Thoth)

托特是一位古代的月亮神，另外他还与文字和知识相关，是智慧神。

托特最常被描绘成鹮首人身，狒狒，或鹮鸟（朱鹭）。不同于阿布辛贝大神庙正门上迎接太阳的狒狒，托特神的狒狒形象是蹲着的姿态，双臂放在膝盖上。有时他头顶会有月盘和新月。呈朱鹭的形象时，他可以坐、站或是栖息。

他的配偶是尼赫美塔维，尼赫美塔维是一位在托特神庙里供奉的女神，不是很知名，常被描绘成在怀中哺育着一个婴儿。托特也与书写女神塞萨特相关，塞萨特有时以他的配偶或女儿身份出现。

尽管对他的崇拜可能起源于三角洲，但托特神的崇拜中心在赫姆努（赫莫波利斯，现代阿什穆内-al-Ashmunein附近）。与他相关的遗址分布广泛，从西部沙漠一直延伸到了西奈半岛。

托特神与王权密切相关，他的名字出现在很多法老的名字中，包括图特摩斯（Thutmose-"Thuth"托特的孩子）。对托特神的崇拜在民间也很广泛，例如在赫莫波利斯附近的伊伯姆和塞加拉地区发现了数千只木乃伊化的朱鹭和狒狒。

作为拉神的儿子，托特和拉神一起飞过天空。其他神乘着托特的"翼"在"天河"上旅行。在他为月时，他经常被形容为"夜太阳"。

托特保护并服务于奥西里斯，他经常充当众神之间的信使，使他们和解。也许他信使的作用与他发明了书写有关。作为神的书记，托特记录了众神的话语和言行。

作为"时间之王"和"年月的管理者"，他也记录了时间的流逝，并且经常可以看到他将较长的统治时间分配给埃及的国王。

他的记录使者身份扩展到了冥世，在衡量死者心脏重量与玛阿特的羽毛相比较的天平前，是托特在记录着结果。托特一直以诚实正直著称。

所有的知识领域都在他的庇护下，因此，可以毫不奇怪的看到，托特监督着魔法，并保守着其他神不知道的秘密。

第四章 拯救阿布辛贝神庙

在人类历史的长河中，阿布辛贝神庙可能面对各种恶运，对此人们可能有各种想象，例如受到战争攻击，遭受地震被毁坏，被肆虐的黄沙深深掩埋，亦或只是在时间的洪流中悄然消失，但绝对想不到的是它竟会永沉水底。

埃及96%的面积被沙漠覆盖，绝大多数人口只能生活在仅剩的4%的土地上。希罗多德对尼罗河三角洲的评论常被引用，说沙漠里的尼罗河三角洲是"河流的礼物"，这种描述后来常常被用来形容整个国家。

19世纪末，埃及人口迅速增长，其增长速度远远超过了其农业资源的增长，在这种形势下，这个国家再也不能承受在夏季失去耕地的后果，也不能承受年度变化对现代棉花产业造成的危机。而洪水太高或太低都是埃及在整个人文历史中要面临的艰巨挑战。因此在1899年至1902年，水坝开始修建在阿斯旺的第一个大瀑布上以试图调节尼罗河的洪水。

第一座阿斯旺大坝的意图不是储存洪水，而只是为了调节尼罗河流经180个水闸的流量，而且大坝的高度由于考虑到南部菲莱的神庙而被有意限制。

尽管最初的大坝运行良好，但很快水流量就超过了水库的容量。1907年至1912年间，大坝的高度增加了五米，1929年至1933年间，大坝的高度又增加了九米。

大坝增高后，水库也一直延伸到苏丹北部的哈尔瓦河谷，水位从最初的87米上升到121米。

尽管考古调查在每次大坝增高前必不可少，然而一些神庙每年大部分时间里都会部分淹没于河水里，因此对神庙的加固工作势在必行。此外，许多努比亚村庄依赖于尼罗河岸狭窄的可耕地生存，大坝增高后这些村庄也开始永远消失在水下。村庄的居民最终不得不迁移到阿斯旺和更远的地方。

到1947年时，埃及的人口约为两千万，是第一座大坝建成时的两倍多，农业生产再次面临落后的危险。因此，1954年，在加马尔·阿卜杜勒·纳赛尔（Gamal Abdel Nasser）执政后不久，他决定在第一个大坝上游七公里处修建更高的大坝。大坝由德国设计，资金来自一些西方国家的财政援助。

1956年，由于纳赛尔拒绝停止从东方国家购买武器，西方国家撤回了对修建大坝进行财政援助的承诺。作为回应，纳赛尔迅速将苏伊士运河国有化，并向苏联寻求援助，当时的苏联以信贷系统的形式提供了经济援助，并派遣两千名工程师和技术人员远赴埃及与三万名强壮的埃及劳动力一起工作。

新大坝于1960年1月奠基，由此便拉开了一座长3600米，高100米大坝的建筑工程的序幕。大坝由粘土，岩石和砂填充，表面为混凝土，其所用材料总合是吉萨大金字塔建造所用材料的17倍。

大坝水库，如今称为纳赛尔湖，向南延伸500公里，宽度在5至35公里之间，平均宽度为10公里。建筑大坝时，考古学界立刻注意到了努比亚许多遗址在几个世纪以来一直面对的危险。

从1955年起，在计划修建高坝之前，联合国教科文组织和埃及古埃及文献中心合作登记努比亚考古遗址，很快意识到大坝的修建从文化遗产的角度来看，是灾难性的。

因此，1958年，美国驻埃及大使雷蒙德·黑尔和美国大都会博物馆馆长詹姆斯·罗里默（James Rorimer）与埃及文化部长塔瓦特·奥卡沙联系，询问美国是否可能从埃及政府购买一到两座因修建大坝而受到威胁的寺庙。奥卡沙博士当时同样对潜在的灾难感到担忧，他提出计划，希望尽可能去营救阿斯旺和瓦迪哈勒法（Wadi Halfa）之间的17座寺庙。

1959年初，奥卡沙博士提议教科文组织应在埃及的财政支持下开展国际努力，并开展全球筹资。该计划很快就得到了联合国教科文组织总干事维托里诺·维罗内塞的支持，纳赛尔总统随后也积极同意由埃及支付三分之一的费用。

最终计划工程由三部分组成：记录受威胁地区的所有遗迹；挖掘或重新挖掘所有已知考古遗址；以及将所有受威胁的寺庙迁移到安全地带。该计划再次得到教科文组织的支持。

抢救工作早在1960年就开始了，其中包括拆除位于阿斯旺象岛上的德波神庙和塔法神庙，阿布辛贝一直是拯救工作的首要考虑，随后的计划是将菲莱的一些神庙迁移到安全的地方。

埃及政府承诺在七年内拨款350万埃及镑，用于援救阿布辛贝神庙，教科文组织也为该项目开展了各种国际间合作，旨在世界范围内获得资金资助。

法国工程师建议将神庙留在原址，然后在神庙前面修建一道高混凝土墙，但意大利工程师皮埃罗·加佐洛通过意大利工程公司（Italconsult）提议将神庙转移到更高的地面上。最后加佐洛的拯救计划被采纳（他曾建议将寺庙整体移动）。1961年6月20日，计划经过修改完善由瑞典工程公司VBB（现为瑞典工程咨询公司SWECO）负责施工。VBB估计迁移成本为3600万美元；最终成本约4000万美元。阿布辛贝合资企业，一个由众承包商组成的国际联合体，承包工程的具体实施。

拯救计划看似简单：将神庙先大块切割，继而转移到安全储存地，最后在更高更适当的位置重建神庙。重要的是，迁移的神庙将与原神庙各方面完全吻合，包括基点完全对齐，神庙彼此之间的距离高度一致。

首先，当1964年拯救工作开始时，必须保护神庙免受不断上涨的湖水影响。在阿布辛贝，1964年湖水平均垂直高度增加了八米，1965年又增加了五米。也就是说，在1966年神庙被完全拆除之前，很可能遭受不断上升的湖水的严重破坏。

于是在神庙前面修建了一个围堰，进行持续抽水从而使水平面保持在安全高度。 此外，每座神庙都安装了钢制脚手架，并在正面覆盖了防护沙，插入了钢管涵洞，以便迁移大神庙。立面上方还增加了保护层。

所有这些保护设施都是必不可少的，神庙内的钢框架尤为如此，因为在神庙被切割成石块前，神庙上方的山崖要完全移除。

现场的技术装置限制从寺庙大厅切割的石块不超过20公吨（21吨），从正面切割的石块不超过30公吨（33吨）。虽然游客可能感觉到神庙由坚固的岩石环绕，但重建后神庙的岩石墙壁实际只有80厘米深，正面的墙壁仅在60到120厘米之间。

切割点由工程师和考古学家共同决定，并适当考虑细长或异常沉重的块体所可能面临的断裂风险。整个切割过程参照神庙的详细图纸，每一块石块的切割都经过了精心规划，而且雕像头面或复杂装饰不允许进行分割。外表面切割必须完全使用手锯进行。链锯仅在看不见的地方可以使用。

屋顶的石块采用古埃及工艺用钻孔和劈裂分开。

石块从周围山体分割后，两到四根钢棒嵌入每个砌块的顶部，以便在设备不直接接触砂岩的情况下进行垂直提升。切割的石块由低装载机运输到一个开放的储存区（整个过程中只下过一场大雨），然后移到新庙的选址，被放置在其原有的位置。

除轻微的表面磨损外，切割的石块没有受到任何损坏或丢失。

两座神庙都向西北方向移动了208米，但大小神庙相对位置与原址完全相同。迁移后的大小神庙现分别高于原址65米和67米。

重新组装的墙和前立面基本上是自支撑的，但墙后安装有混凝土结构做支撑（后面倾斜的立面除外，因为这些结构不承载重量）。隔墙和廊柱是自支撑的，但屋顶上增加了格外支撑，屋顶上覆有混凝土结构，混凝土结构附近的砌块由间距紧密的锚筋固定。

图见82页：工作人员用手锯切
割大神庙正面上方部位

工作人员将位于大神庙前面拉美
西斯二世的头部进行整体搬移

最后，埃及文物部门的修复人员用天然砂岩砂浆（用树脂、石灰或水泥粘合）填补了砌块之间的空隙。

两座神庙都由混凝土穹顶遮盖，这些穹顶有效地承受住了神庙上方人工山丘的压力，并给工程师和考古学家日后的检查工作和修复结构的后部提供了可能，同时还改善了神庙的照明和通风。尤其通风设施为游客提供了一个舒适的游览环境，并将潜在的有害湿度降到最低。大神庙上方的穹顶自由跨度是59米，高度是26米。

小神庙穹顶有24米的自由跨度和20米的高度。

拯救工作的最后一个阶段是将迁移的神庙周边设置合适的景观，景观尽管不能复制原址悬崖边的设置，但需要让人体会到同样的环境和类似的感受。此时资金几乎耗尽，这意味着工程师们必须在景观美化上运用与新神庙重砌一样的独创性。

神庙周围的悬崖是由砂岩块构成，缝隙是用类似于寺庙块的砂浆填充的。这些岩石都由手工凿成以便看起来接近天然岩石，有趣的是，后来努比亚沙尘暴的袭击使岩石看起来更像天然形成的。

新神庙的后部结构建造也充满了挑战。几经尝试，瑞典VBB工程师认为，在如此大的地面面积重建自然的沙漠景观是不现实的，因此他们设计了风格化的山丘，山丘与神庙完美结合，丝毫不影响游客体验神圣伟大的古老神庙以及它的建筑奇迹。

重建神庙的工作于1966年1月26日开始，于1967年9月9日结束，大神庙正面的最后一个切块的重置归位标志着整个拯救工程的结束。工程结束时比原定计划提前了14天。

1968年9月22日，纳赛尔总统和许多国家和国际政要出席了新神庙的落成仪式。

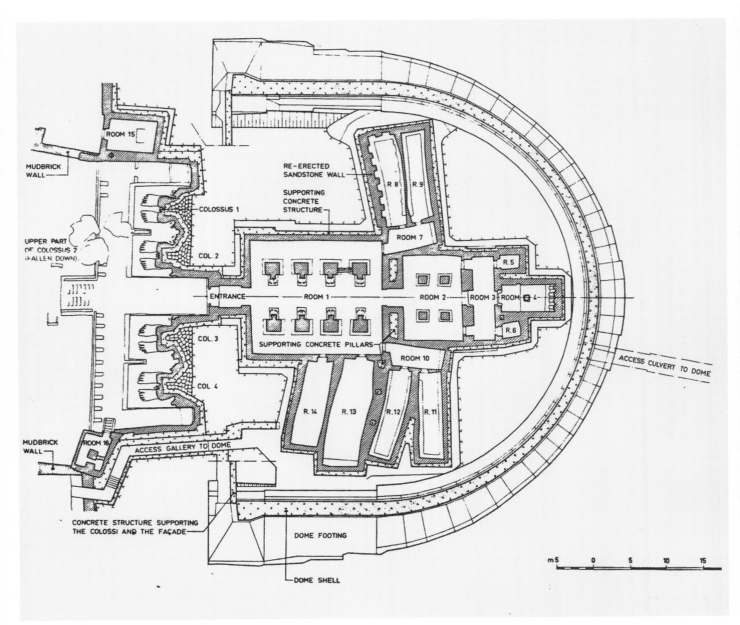

覆盖大神庙的圆顶结构平面图，可见对神庙墙壁的坚固支撑。

拓展阅读

这本书是我的另一本书《阿布辛贝和努比亚神庙》（Abu Simbel and the Nubian Temples）一些章节的浓缩版。原书包含了更多神庙以及神和女神的描述，拉美西斯二世在埃及的遗产和他的军事行动也有更具体地介绍。书中还介绍了菲莱和阿布辛贝之间，纳赛尔湖周围的许多其他神庙。

如果您想对法老时期的概述有更多的了解，我推荐艾丹·多德森的《尼罗河君主》和约翰·贝恩斯和贾洛米尔·马勒克的《古埃及地图集》。

托马斯和哈德逊编辑的《...大全》系列可读性极高且信息完整，特别在本书所涵盖的领域里，理查德·威尔金森的《古埃及众神大全》和《古埃及神庙大全》，以及史蒂文·斯内普的《古埃及城市大全》很有借鉴意义。

关于古努比亚及其纪念碑的知识，我强烈推荐乔斯林·戈哈里的《纳赛尔湖努比亚纪念碑指南》和马乔里·费舍尔、彼得·拉科瓦拉、萨利玛·伊克拉姆和苏·奥里亚编辑的《古代努比亚：尼罗河的非洲王国》。

图纸展示了如何在避免损害建筑特征的情况下对大神庙正面进行切割的计划。

图片出处

神庙平面图：弗兰克·蒙尼尔

绘图：多米尼克·纳瓦罗

地图：Cherif Abdullah/AUC 出版社

象形文字使用 EZGlyph Pro

图片由本书作者提供

第85和86页图纸：由Sweco AB提供

Sweco AB, 82–83页